ミネルヴァ日本評伝選

辰野金吾

美術は建築に応用されざるべからず

河上眞理
清水重敦 著

ミネルヴァ書房

刊行の趣意

「学問は歴史に極まり候ことに候」とは、先哲荻生徂徠のことばである。歴史のなかにこそ人間の智恵は宿されている。人間の愚かさもそこにはあらわだ。この歴史を探り、歴史に学んでこそ、人間はようやくみずからの正体を知り、いくらかは賢くなることができる。新しい勇気を得て未来に向かうことができる。徂徠はそう言いたかったのだろう。

「ミネルヴァ日本評伝選」は、私たちの直接の先人について、この人間知を学びなおそうという試みである。日本列島の過去に生きた人々の言行を、深く、くわしく探って、そこに現代への批判を聴きとろうとする試みである。日本人ばかりではない。列島の歴史にかかわった多くの異国の人々の声にも耳を傾けよう。

先人たちの書き残した文章をそのひだにまで立ち入って読み、彼らの旅した跡をたどりなおし、彼らのなしとげた事業を広い文脈のなかで注意深く観察しなおす——そのとき、はじめて先人たちはいまの私たちのかたわらによみがえってくる。彼らのなまの声で歴史の智恵を、また人間であることのよろこびと苦しみを、私たちに伝えてくれもするだろう。

この「評伝選」のつらなりのなかから、列島の歴史はおのずからその複雑さと奥ゆきの深さをもって浮かび上がってくるはずだ。これを読むとき、私たちのなかに新たな自信と勇気が湧いてきて、その矜持と勇気をもって「グローバリゼーション」の世紀に立ち向かってゆくことができる——そのような「ミネルヴァ日本評伝選」にしたいと、私たちは願っている。

平成十五年（二〇〇三）九月

上横手雅敬
芳賀　徹

《辰野金吾肖像》（松岡壽画，大正10年／辰野家蔵）

『辰野金吾滞欧野帳』（明治14-15年／辰野家蔵）

《辰野博士作物集図》（後藤慶二画，大正５年／辰野家蔵）

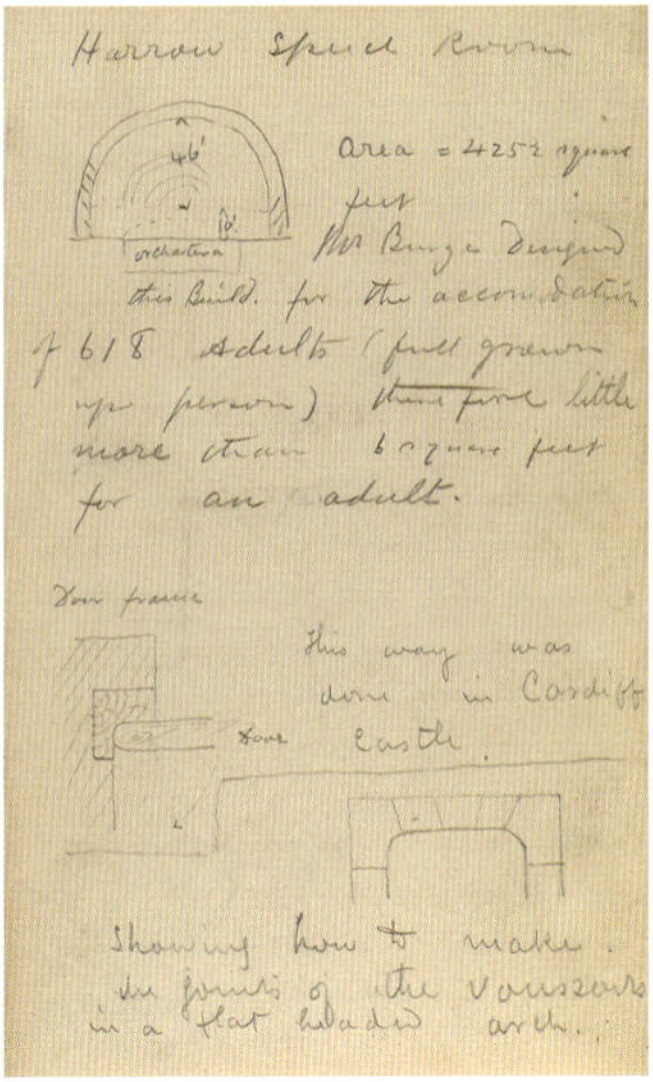

ハーロウ校講堂（バージェス設計，ロンドン）と『辰野金吾滞欧野帳』第１巻８葉ウラのスケッチ

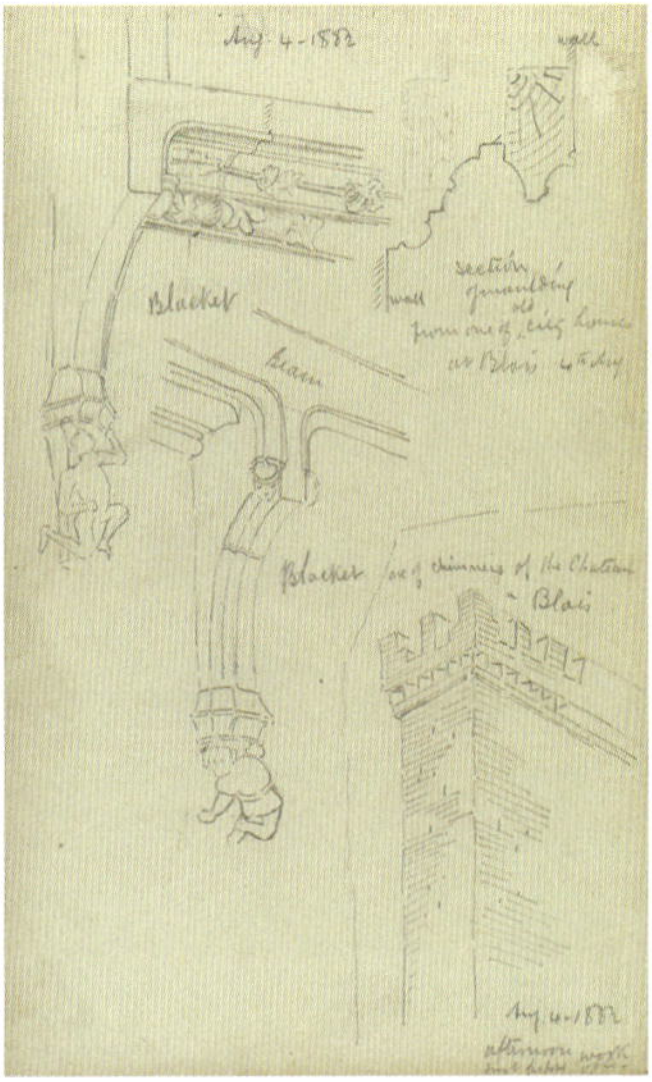

軽業師の家（ブロワ）と『辰野金吾滞欧野帳』第３巻31葉ウラのスケッチ

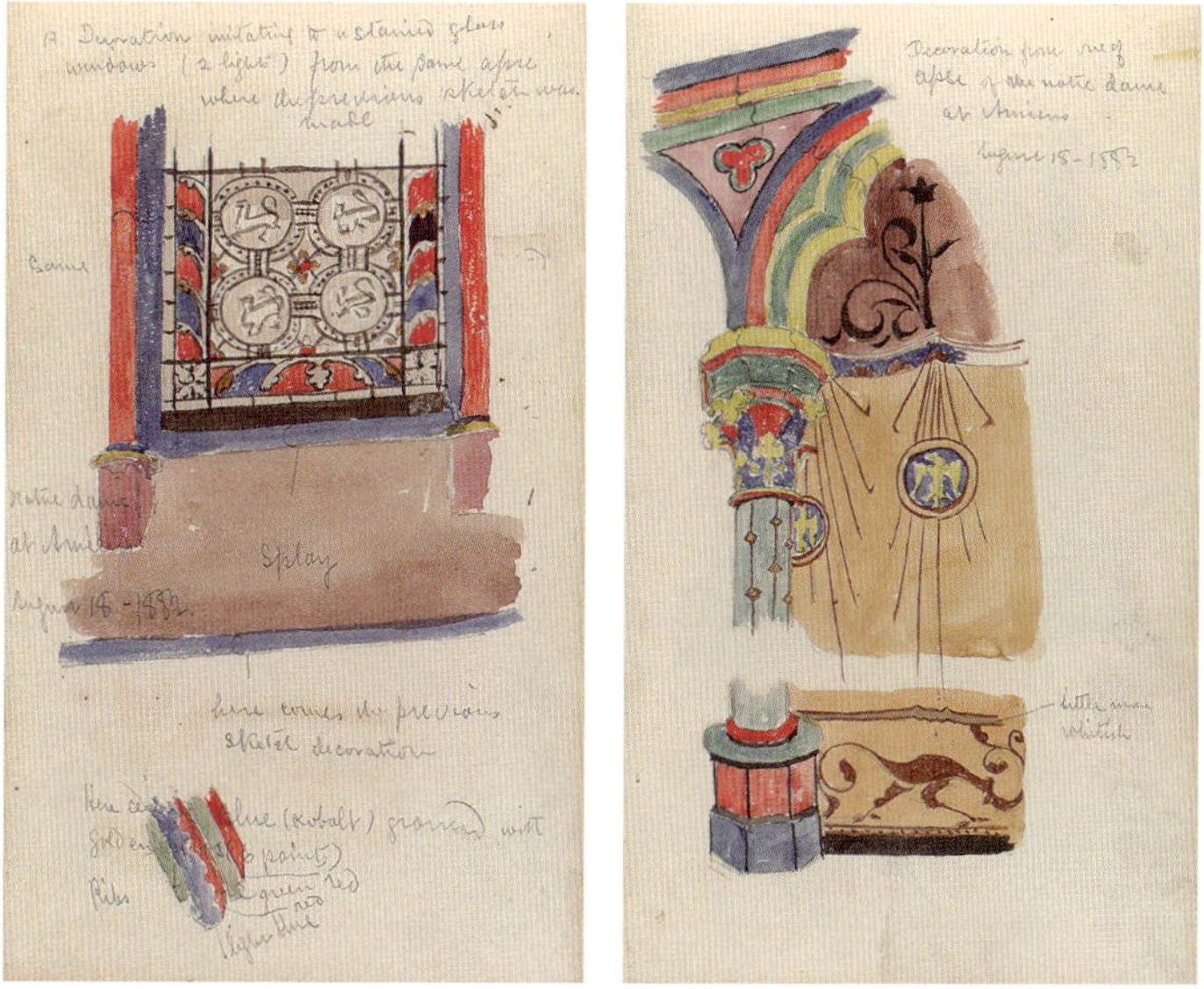

アミアン大聖堂後陣　聖オーギュスタン・ドゥ・カントールベリー礼拝堂におけるだまし絵による室内装飾のスケッチ（『辰野金吾滞欧野帳』第4巻5葉オモテ／右，6葉オモテ／左）

アミアン大聖堂後陣　聖オーギュスタン・ドゥ・カントールベリー礼拝堂

日本銀行本店本館（辰野金吾設計，東京都中央区，明治29年，国重文）

京都文化博物館

（旧日本銀行京都支店，辰野金吾・長野宇平治設計，京都市，明治39年，国重文）

品川彌二郎銅像（台座辰野金吾設計，東京都千代田区，明治40年）

岩手銀行中ノ橋支店

（旧盛岡銀行，辰野・葛西建築事務所設計，盛岡市，明治44年，国重文）

東京駅丸ノ内本屋（辰野・葛西建築事務所設計，東京都千代田区，大正３年，国重文）

はじめに

ここに一枚の肖像画（口絵一頁）がある。描いたのは近代日本の洋画界、そして近代日本のデザイン界においても、さまざまな役割を担った松岡壽《まつおかひさし》（一八六二―一九四四）である。肖像画の人物は本書の主人公、辰野金吾《たつのきんご》（一八五四―一九一九）。近年、建設当初の姿に復原された東京駅丸ノ内本屋の設計者である。

辰野金吾は、日本初の官立の工学教育機関であった工部大学校の第一期生として建築を学び、首席で卒業した、明治時代を代表する建築家である。「辰野式」と呼ばれる、赤煉瓦に白い石がストライプ状に入った西洋建築を数多く設計したことで知られるとともに、帝国大学における建築学教育や日本建築学会の前身である造家学会の創始など、日本の建築界の基盤を作り上げた人物でもある。その圧倒的な業績は、自らを厳しく律し、弛まぬ努力を重ねることで成し遂げられたもので、その謹厳実直な人格ゆえ、「辰野堅固」と渾名された。

話題を肖像画に戻そう。この肖像画は大正八年（一九一九）に辰野が六十六歳で亡くなった後、没後の記念事業として辰野家に贈呈するために松岡に委嘱されたもので、松岡は辰野の還暦祝いの際の肖像写真（図1－1）を元に制作し、大正十年に完成した。辰野家で保存されてきたこの肖像画は、平成二十六年に洗浄と修復がなされ、当初の色彩を取り戻した。肖像画と写真を比較してみよう。写真の中の辰野は、紋付きに袴姿という正装で威厳に満ちている。特にその眼光の鋭さは見る者を圧倒させるほど強い。若き日に志を抱いてから建築一筋に四十年という歳月を過ごし、この間にさまざまな建築をデザインし、また要職にも就き、日本の建築界の屋台骨となるべく奮闘してきたという自覚が目の鋭さに表れている。一方、松岡の描いた辰野はこの写真を元にして描いているにもかかわらず随分と雰囲気が異なっている。絵の中の辰野も正装し、まっすぐにこちらを見ているが、その目付きは鋭くはなく、厳しさの中にも慈愛をもってこちらを見つめているような印象を受けはしないだろうか。肖像画は、恐らく在りし日の辰野金吾が松岡に向けていた眼差しそのものだったのだろう。

岡山藩士で洋学者の松岡隣《まつおかりん》の子として誕生した松岡壽は、少年時代から絵画に長けていた。辰野が学んだ工部大学校の付属校として、明治九年（一八七六）に日本で初めて西洋美術を教える官立の工部美術学校が設立された時、十四歳の松岡は「十五歳以上」という入学可能な年齢に満たなかったのだが、年齢を偽って入学したほど西洋絵画の習得に意欲的だった。その学校で、イタリア人絵画教師で風景画家のフォンタネージに親炙しつつも、自らは人物画や肖像画を描く画家になるという志を持っていた。同校の絵画教師の交替がきっかけとなって生じた騒動により退学後、フランス語を学び外国留学の機会をうかがっていた。明治十三年七月に旧佐賀藩主鍋島直大《なべしまなおひろ》が在イタリア王国特命全権公使として赴任するにあたり、松岡本人の弁では「下足番」ということだが、公使の私設秘書としてローマへ同行することとなった。この背景には、松岡と同じ旧岡山藩士で明治三年から外務省に出仕していた花房義質《はなぶさよしもと》の斡旋があったという（金子一夫「松岡壽評伝」『松岡壽研究』）。

松岡は七年間のローマ滞在中、公使館で働きながら、ローマ王立美術専門学校に学び、初志貫徹した成果は《ベルサリエーレの男》（宮内庁三の丸尚蔵館蔵）、あるいは帰国直後から肖像画制作を多数依頼された事実から確認できる。《辰野金吾肖像》も、肖像画家である松岡の腕前を見込んで依頼されたものだっただろう。しかし松岡にとって辰野像の制作は他の肖像画制作とは大いに異なっていたはずだ。というのも、二人は生涯にわたって固い友情で結ばれていたからである。

辰野が工部大学校で学んでいた頃、松岡は工部美術学校で学んでいた。けれども、当時の辰野は工学一辺倒で、美術に興味を持っていたとは思われず、ここで二人の交流がすでに深まっていたとは考えにくい。しかし少なくとも、明治十六年に辰野はローマを訪れ、以降、松岡と親交を深めていった。出会いの時、旧佐賀藩の出身者らに世話になった松岡にとって、佐賀藩の隣藩である唐津藩出身の辰野は身近な存在に思われたかもしれない。生涯友人であった辰野の、しかも没後に依頼された肖像画制作にあたっては、さまざまな思い出が走馬燈のように浮かんだにちがいない。松岡は公の場で見せることはなかった、近しい者だけが垣間見ることのできた辰野の姿を知っていた。そのことが肖像画の中の辰野の眼差しから発する穏やかな雰囲気を作り出しているのだろう。

この肖像画からうかがえる建築家辰野と画家松岡との関係は、これまで注目されることはほとんどなかった。だがここにこそ、これまで知られてこなかった、新たなと言っても過言ではない辰野金吾像を投影するための鍵がある。その鍵とは、二人を結びつけていた〈美術建築〉という思想である。〈美術建築〉という言葉は、字面からすれば美術としての建築、あるいは芸術としての建築、ということのように見える。すなわち、様式的側面に重きを置いた建築観である。もちろんそうした面はあるのだが、辰野の活動を追うと、松岡や長沼守敬《ながぬまもりよし》（一八五七―一九四二）などの美術家との交流や、美術関係の団体での講演、美術教育への参画など、美術界への関与が数多く見られることから、少し異なるニュアンスで用いられているように思われてくる。美術への関心は、工部大学校の卒業論文の際に建築装飾について考察せざるを得なくなったことに発しているのだが、卒業後に実施したヨーロッパ留学においてその課題解決の方法論をさまざまな側面から学ぶ中で、この〈美術建築〉概念と出会うこととなった。この考え方は、ヨーロッパ留学の前半にあたるイギリス留学時代の師である、十九世紀イギリスを代表するゴシック・リヴァイバル期の建築家で、自らを〈美術建築家〉と標榜したウィリアム・バージェス（William Burges, 一八二七―一八八一）から学んだものであり、辰野の建築観を醸成する土台となった。その感化は、辰野が工部大学校で学んだイギリス人建築家のジョサイア・コンドル（Josiah Conder, 一八五二―一九二〇）からよりも大きかったと考えられる。

　辰野の評伝には白鳥省吾編『工学博士辰野金吾伝』の他、藤森照信『国家のデザイン』（日本の建築［明治大正昭和］3）など複数あり、その事績や建築観の多くは明らかにされている。しかし、その肝心なところが十分に説明されていないように思われる。例えば、なぜ辰野は工学寮において造家学を選んだのか。そして、工部大学校及び東京帝国大学教授の職を二度にわたってなげうち、民へと降るのだが、それはなぜだったのか。辞職の理由は民間建築事務所設立への情熱ゆえだと語られてきたが、本当にそうだったのだろうか。また、工部大学校卒業後のヨーロッパ留学時代についても、回顧談において断片的に語られてきたが、全容は知られていなかった。近代日本の建築家が初めて行ったグランド・ツアーとも言える留学時代は、辰野に非常に大きなものをもたらしたはずである。

筆者らは青年期の辰野の足跡に立ち返って再考する必要を感じ、史料の読み直しを開始した。すると、これまで語られてきたのとは幾分異なる辰野像が浮上してきた。そして平成二十一年夏、留学時代の辰野の足跡が生々しく記された辰野自身によるスケッチブック『辰野金吾滞欧野帳』全四冊と出会った。失われたと考えられていた幻のスケッチブックが目の前に現れたのである。そこには、縁もゆかりもない地に一人で佇み、自らの背負う日本の文化と対峙しながら、西洋建築とそれをとりまく文化を貪欲に吸収しようとしている若き日の辰野の姿がある。ローマ時代の松岡の日記に登場する辰野も、後に「辰野堅固」という渾名をつけられた彼とは異なる、若々しい情熱と人情味に溢れた一青年を感じさせる。

筆者らは、『辰野金吾滞欧野帳』や新たに見出された史料を元に辰野の足跡を追い、辰野が何を見て、何を考え、それが日本の建築界にどのように響いたのかを考察しようと思う。そこには恐らくこれまで知られてきたのとは異なる辰野像と揺籃期の日本の建築界の姿が現れるだろう。辰野金吾という人物を語ることは、日本の建築界の根源を新たな目で見つめ直すことに他ならないのである。

辰野金吾——美術は建築に応用されざるべからず

目次

はじめに

第一章　辰野金吾という人 …… 1

1　人間辰野金吾 …… 1

日本の建築界の父　辰野金吾のイメージ

「辰野堅固」　「辰野おやぢ」

2　唐津から東京へ …… 9

裏坊主町にて　高橋是清との出会い　東京へ

第二章　工部大学校における造家学の修学 …… 15

1　工部省と工学寮・工部大学校 …… 16

工部省工学寮・工部大学校の沿革　工学教育を行う二校

2　工学寮への入校と造家学の選択 …… 20

工学寮入校　造家学の選択　「造家」と「建築」

3　造家学の修学 …… 25

コンドル来日以前の造家学教育　コンドルの造家学教育

学生時代の辰野と学友　造家学首席卒業　コンドルへの思い

目　次

第三章　イギリス留学とグランド・ツアー……37

1　『辰野金吾滞欧野帳』……38

『工学博士辰野金吾伝』掲載のスケッチ十点

四冊の『辰野金吾滞欧野帳』　『滞欧野帳』の特徴

2　イギリス留学……43

首席卒業生の官費留学制度　ヴィクトリア朝中後期のイギリス建築界

ロンドンでの足跡　バージェスへの敬慕　バージェスへのオマージュ

最新の建築情報の摂取　辰野が見たイギリス建築界

3　グランド・ツアー……57

フランス、イタリアへの旅の契機　グランド・ツアーとは

バージェスのグランド・ツアー　辰野のグランド・ツアーの開始時期

旅の目的　グランド・ツアーの行程　フランスでの足跡

ゴシック聖堂への関心　古典様式による宮殿建築

ハーフティンバーの都市建築　イタリアでの足跡

ジェノヴァ——最新の建築への関心　パヴィーア——建築装飾への興味

ヴェネツィア——長沼守敬との交流　フィレンツェ——ルネサンス建築

ローマ——松岡壽との交流　グランド・ツアーの意義

第四章　建築界の造形……81
1　敗者としての工部大学校……82
工部省への奉職と営繕活動　工部大学校教授着任
明治十九年の依願退官　辰野建築事務所の開設
市区改正計画と兜町ビジネス街　官庁集中計画と辰野
帝国大学工科大学教授への着任
2　帝国大学工科大学での建築教育……95
工科大学における辰野の教育　「日本建築学」の創設
地震対策への着目　工科大学長就任と二度目の依願退職
3　辰野が求めた建築界の輪郭……104
造家学会の創設　工手学校の創立
議院建築問題　辰野が描いた建築界
第五章　〈美術建築〉を目指して……111
1　〈美術建築〉との出会い……113
〈美術建築〉とは　バージェスの代表作カーディフ城
未公刊史料「辰野金吾氏演説」　人物画の習得と〈美術建築〉

グランド・ツアーでの〈美術建築〉への関心
2 辰野金吾と美術界……122
工部美術学校の開校と廃校　工部美術学校石膏像の保存
西洋画教育の建議書　工部大学校造家学における自在画の設置
自在画教育の重要性　明治美術会と辰野　「フレスコニ就テ」
3 〈美術建築〉の実践……136
銅像台座の設計　「品川子爵銅像臺」　「井上子爵銅像臺」
大阪市中央公会堂——建築と絵画の共存　〈美術建築家〉の育成
第六章　建築家辰野金吾……149
1 初期——工部省・辰野建築事務所時代……151
銀行集会所　渋澤栄一邸　初期建築の特徴
2 中期——日本銀行時代……160
日本銀行本店の設計依頼と欧米巡回　日本銀行本店のデザイン
日本銀行本店のモデル　辰野の様式観
3 後期——「辰野式」建築時代……171
東京と大阪での建築事務所設立　「辰野式」の特徴

「辰野式」の形成過程　東京駅のデザイン　東京駅の構造
「辰野式」の本質　辰野の和風建築　工学か美術か

4　「終焉の記」…………………………………………193
「実に彼は男なりき」　建築との格闘の生涯

巻末資料　197
参考文献　203
おわりに　215
辰野金吾略年譜　221
人名・事項索引

図版一覧

《辰野金吾肖像》(松岡壽画、大正一〇年/辰野家蔵)……カバー写真、口絵1頁
『辰野金吾滞欧野帳』(明治一四—一五年/辰野家蔵)……口絵2頁
《辰野博士作物集図》(後藤慶二画、大正五年/辰野家蔵)……口絵3頁
ハーロウ校講堂(バージェス設計、ロンドン)……口絵4頁上
ハーロウ校講堂スケッチ(『辰野金吾滞欧野帳』第一巻8葉ウラ)……口絵4頁上
軽業師の家(ブロワ)……口絵4頁下
軽業師の家装飾スケッチ(『辰野金吾滞欧野帳』第三巻31葉ウラ)……口絵4頁下
アミアン大聖堂後陣聖オーギュスタン・ドゥ・カントールベリー礼拝堂における
　タピスリーを模した装飾スケッチ(『辰野金吾滞欧野帳』第四巻5葉オモテ)……口絵5頁上
同右におけるステンドグラスを模した装飾スケッチ(『辰野金吾滞欧野帳』
　第四巻6葉オモテ)……口絵5頁上
アミアン大聖堂後陣　聖オーギュスタン・ドゥ・カントールベリー礼拝堂……口絵5頁下
日本銀行本店本館(辰野金吾設計、東京都中央区、明治二九年、国重文)……口絵6頁上
京都文化博物館(旧日本銀行京都支店、辰野金吾・長野宇平治設計、京都市、
　明治三九年、国重文)……口絵6頁下
品川彌二郎銅像(台座辰野金吾設計、東京都千代田区、明治四〇年)……口絵7頁上
岩手銀行中ノ橋支店(旧盛岡銀行、辰野・葛西建築事務所設計、盛岡市、

明治四四年、国重文）……………………………………口絵7頁下
東京駅丸ノ内本屋（辰野・葛西建築事務所設計、東京都千代田区、大正三年、国重文）……口絵8頁
辰野金吾肖像　大正四年四月二六日撮影（辰野家蔵）……………………図1－1
笑う辰野金吾（辰野家蔵）……………………………………………………図1－2
辰野家の人々（辰野家蔵）……………………………………………………図1－3
辰野金吾自邸（辰野金吾設計、明治四四年／辰野家蔵）…………………図1－4
辰野金吾生家（唐津裏坊主町）（『工学博士辰野金吾伝』）………………図1－5
工部大学校本館（ボアンヴィル設計、明治一〇年／『明治大正建築写真聚覧』）……図2－1
工部大学校修学時の辰野（辰野家蔵）………………………………………図2－2
工学寮官費入寮通知（東京大学大学院工学系研究科建築学専攻蔵）……図2－3
ジョサイア・コンドル（東京大学大学院工学系研究科建築学専攻蔵）……図2－4
工部大学校第一期卒業生（大正四年／辰野家蔵）…………………………図2－5
工部大学校第一期卒業生の卒業成績（工部大学校カレンダー一八八〇年版）……図2－6
欧州留学直前の辰野（辰野家蔵）……………………………………………図3－1
ロンドンにおける辰野の四番目の居住地チャルコット・クレセント……図3－2
中世風のコスチュームを着たウィリアム・バージェス（*Castell Coch*）……図3－3
バージェス設計建物のドーマー窓スケッチ（『辰野金吾滞欧野帳』第一巻74葉オモテ）……図3－4
帝国大学工科大学本館（明治二一年／『明治大正建築写真聚覧』）………図3－5

図版一覧

タワーハウス（バージェス自邸）（バージェス設計、ロンドン、一八七八年）……図3-6
中央青果市場スケッチ（『辰野金吾滞欧野帳』第一巻90葉オモテ）……図3-7
辰野金吾のグランド・ツアー行程図……図3-8
シャンボール城煙突スケッチ（『辰野金吾滞欧野帳』第三巻35葉ウラ）……図3-9
ブロワのハーフティンバー建築細部スケッチ（『辰野金吾滞欧野帳』第三巻40葉ウラ）……図3-10
スタリエーノ記念墓地スケッチ（『辰野金吾滞欧野帳』第四巻25葉オモテ）……図3-11
カルトゥジオ会修道院小回廊アーチ上部装飾のスケッチ（『辰野金吾滞欧野帳』第四巻28葉オモテ）……図3-12
工部大学校教授兼任辞令（東京大学大学院工学系研究科建築学専攻蔵）……図4-1
工部権少技長依願免官辞令（東京大学大学院工学系研究科建築学専攻蔵）……図4-2
大倉組への約定書写し（明治一九年／辰野家蔵）……図4-3
東京帝国大学工科大学教授依願免官辞令（東京大学大学院工学系研究科建築学専攻蔵）……図4-4
カーディフ城（バージェス設計、カーディフ、一八六五―一八八一年）……図5-1
カーディフ城夏季喫煙室……図5-2
「辰野金吾氏演説」（辰野家蔵）……図5-3
井上勝銅像（大正三年／『子爵井上勝君小伝』）……図5-4
大阪市中央公会堂特別室天井画（大阪市中央公会堂提供）……図5-5
ヴェネツィア総督宮十人委員会室天井スケッチ（『辰野金吾滞欧野帳』第四巻44葉オモテ）……図5-6
銀行集会所（明治一八年／『関西建築協会雑誌』1-3）……図6-1

ヴィッラ・フォルニ・チェラート（パッラーディオ設計、ヴィチェンツァ郊外）……図6-2
渋澤栄一邸　外観と内部の様子（明治二一年／『建築雑誌』四一号）……図6-3
海上保険会社（明治二〇年／『建築雑誌』三四八号）……図6-4
海上保険会社設計案（辰野家蔵）……図6-5
日本銀行本店（明治二九年／『明治大正建築写真聚覧』）……図6-6
日本銀行本店建築時の辰野金吾と高橋是清（辰野家蔵）……図6-7
日本銀行本店附属建物（明治三二年／『明治大正建築写真聚覧』）……図6-8
イングランド銀行平面図（ジョン・ソーン設計、ロンドン、一七九二―一八三三年／*John Soane*）……図6-9
「辰野式」の建物（旧日本生命保険会社九州支店、福岡市、明治四二年、国重文）……図6-10
東京火災保険会社（明治三八年／『東京百建築』）……図6-11
フランツ・バルツァーによる東京駅案（島秀雄編『東京駅誕生
――お雇い外国人バルツァーの論文発見』鹿島出版会、一九九〇年）……図6-12
中央停車場（東京駅）設計案の変遷　第一案（佐竹鐵也「東京駅」）、第二案
（辰野金吾「中央停車場の建築」）、第三案（「中央停車場建築図」『鉄道時報』）……図6-13
アムステルダム中央駅（カイペルス設計、アムステルダム、一八八九年）……図6-14
ニュー・スコットランド・ヤード（ノーマン・ショー設計、ロンドン、一八八七年）……図6-15
武雄温泉楼門（武雄市、大正四年、国重文）……図6-16
南天苑（旧潮湯別館、河内長野市、大正二年、国登録）……図6-17

第一章　辰野金吾という人

1　人間辰野金吾

日本の建築界の父

近代日本最初の建築家のうちの一人である辰野金吾は、彼らの中でも際だった存在感を持った人物である。日本銀行本店と東京駅という国家を代表する建築をはじめ、驚くほど多数の建築を設計した建築家であった。また同時に、東京帝国大学教授として数多くの建築家を育てた教育者でもあった。そして、日本の社会や風土に対応した建築学の枠組を整備し、あるいは日本建築学会の前身である造家学会を建築家と学者だけでなく建設業に携わる多くの人が関わる団体として作り上げた。超人的努力によって日本の建築界のほぼすべての分野に関わり、そのグランドデザインを描いたこの人物の業績は、日本の建築界の父というに相応しい。

この建築界の巨人の生涯を描くにあたり、まずはその人格を物語るエピソードをひもといてみよう。

図1－2　笑う辰野金吾
（辰野家蔵）

図1－1　辰野金吾肖像
大正4年4月26日撮影（辰野家蔵）

辰野金吾のイメージ

「辰野堅固」。この人物のイメージは、この渾名によく表れている。幼少期より生涯にわたってひたすら努力を積み重ねた、無骨な明治男子。国を憂い、戦争となれば常に戦場に赴く覚悟を持ち続けた男気に溢れた愛国の士。趣味らしい趣味を持たず、ひたすらに建築家としての活動と教育に励んだ勤勉にして厳格な先達。歩く端から廻りの人々に当たり散らす、雷親父。剛毅実直な古武士を彷彿させる人物像である。気難しく、ちょっと近寄りがたい人物、というのが辰野という人のこれまでのイメージである。そして、その建築作品もこうした人物像をそのまま形にしたかのように、どっしりとした安定感を見せる。還暦記念に撮影されたいかめしい表情の辰野は、まさにこのイメージ通りに見える（図1‐1）。

そんな辰野にも、このイメージにそぐわない柔和な一面がかいま見られることがある。辰野が建築学を学んだ工部大学校や付属の工部美術学校の卒業生たち、あるいは帝国大学や建築設計事務所で育てた弟子たち、そして家族との間にそんなエピソードがいくつか残されている。例えば、工部大学校の同級生たちとは、学問・実務上での結びつきだけでなく、義兄弟といえるほどの深い友情で結ばれていた。弟子たちは、仲間内では敬愛の念を込めて「辰野おやぢ」と呼んでいたという。激情の人ではあっても、どこか温かみを感じさせる接し方を弟子たちにしていたのだろう。長男で仏文学者の辰野隆《ゆたか》（一八八八―一九六四）の回想には、厳格ながらも慈しみ深い父の姿が繰り返し語られている。晩年に撮られた笑顔の写真は、この人の素顔をうかがわせる（図1‐2）。

近寄りがたい「辰野堅固」と、人情味に溢れた素顔の「辰野おやぢ」。この人物は、これまで語られてきたイメージのような一本調子の人だったわけではなく、もう少し複雑で深みのある内面を持った人だったようだ。

「辰野堅固」というイメージは、確かに、明治という激動の時代において骨太な行動力によって建築界を築き上げてきた人、という人物像によく合致する。けれどもこの一面だけでは、辰野が生きた人生、そして辰野が造り上げた日本の建築界を正しく理解できないのかもしれない。人は誰しも外と内とで異なる面を持つものである。辰野が持つこの二つの面を、仕事やエピソードからそれぞれ見ていこう。

「辰野堅固」

辰野が建築というものに向き合う時の真摯な態度から作り上げられたのが、「辰野堅固」というイメージである。それは辰野の手になる建築物にも、大学や建築事務所での教育、指導にもよく表れている。

辰野が設計した建築物は、確かに「堅固」のイメージがぴったりくる。どの建物も高さがぐっと抑えられ、まるで地面に喰い込むかのような重量感を持つ。塔屋が林立する様は、華やかではあるけれど軽やかという感はなく、安定感のある佇まいを見せる。西洋建築をいかに日本に根付かせるかを追求した辰野がたどり着いた一つの答えは、地震国である日本の風土に相応しい建築であった。辰野の建築物は、どれもこの思いが固まりとなって表れたかのように、堅固である。

教育者として、そして建築家としての辰野は、厳格の一言に尽きる人であった。なによりまず自らを厳しく律した。例えば、両国国技館の建設時、ドームの鉄骨が組み上がる際、皆を脇によけさせて自分だけが下に立ち、安全性への確信を身をもって示したという。第一銀行本店の工事では、地質が軟弱だったので、五六尺掘り下げて基礎を固めることを主張したが、施主の渋澤栄一《しぶさわえいいち》（一八四〇―一九三一）が費用を惜しんで他の方法を要求した。辰野は、「地形に金を惜むならば建築を止めた方が宜い、地形ほど大切なるものはない、地形が悪くては上を幾ら良くしても無駄である」と言ったという（新家孝正「用意周到の金言」『工学博士辰野金吾伝』）。

辰野をこのように厳格に振る舞わせた一因には、自らの能力に対する一種のコンプレックスがあったのではなかろうか。工部大学校の造家学を首席で卒業したものの、入学時には最下位での合格であった。自らを秀才タイプだと思っておらず、それゆえに勉学の努力を怠ることがなかった。

ヨーロッパ留学を経て〈美術建築〉を志すことになる辰野であるが、肝心の絵画の技能についても悩まされたようだ。留学中、パリのノートル・ダム大聖堂前でスケッチをしていた時、取り巻いたパリッ子から「パ・マル（悪くない）」と言われたことを、長男隆に語っている。けれども、こうしたエピソードが残ること自体、自らの絵心に対する自信のなさの裏返しであろう。実際、ヨーロッパ留学時のスケッチブックである『辰野金吾滞欧野帳』には数多くのスケッチが残されているが、味はあるものの、達者とまでは言い難い。辰野は学問の点でも芸術の才においても、飛び抜けた能力を持っていたわけではなかった。それだけに、強い自意識を持って生涯にわたり努力を惜しむことがなかったのだろう。

厳格さは自らのみならず、弟子たちや家族にも求めたようだ。たいそうな癇癪持ちで、教室でも建築事務所でも、また家庭でも辺り構わず怒鳴り散らしたという。例えば弟子の塚本靖《つかもとやすし》は、「辰野先生は御存じの通り直情径行の方でありますから、意に満たぬ事があれば能く叱られたがそれを葛西さんが何時も巧い工合に下の方に伝達せられました」（「回顧座談会」）と語っている。生来の性格もあろうが、日本に西洋建築を根付かせるという、まるで無から有を生むかのような力業を成し遂げねばならなかった辰野の使命を考えれば、辰野の癇癪は、むしろ叱咤激励というべきなのだろう。

もう一つ、辰野をこれほどまでに建築に執着させた原動力となったのが、国家への強い意識であった。日清戦争が始まろうとしていた頃、「これは余程重大な戦争になる、あるいは負けるかもしれない、自分は微々たる建築学の教員をしているが、いよいよ人が足りない時は、俺は戦争に出るんだ」と宣言している。日露戦争後には、毎年正月になると息子たちに軍隊や皇道を語り、「平時は自分の職業に努め、一旦緩急のあった時は、万事を捨てて国家同胞のために身を尽くす。これが男子の本懐ではないか」と語っていたという（辰野隆「父の思い出」）。

趣味らしい趣味はなかったと言われるが、それでもいくつかの趣味を持っていた。彼が最も愛した趣味は相撲だった。辰野家では、代表作である日本銀行本店の落成式の四月十日を記念日とし、親戚が寄り合って宴席が開かれた。その席ではいつも、辰野の唄う相撲甚句が響いた。唄うことだけでなく、相撲を取るのも好きだった。大の大人が相撲を取るというのも明治らしい。辰野は建築家仲間で一二をあらそう強さだったという。腕っ節も堅固のイメージそのものだった。

「辰野おやぢ」

厳めしい古武士のようなエピソードばかり強調される辰野であるが、同級生や教え子、あるいは家族に対しては異なる一面を覗かせることが多々あったようだ。工部大学校の同級生で、明治十三年からイギリスにともに留学した栗本廉《くりもとれん》とは、特に深い絆で結ばれていた。栗本は三十八歳の若さで世を去るのだが、その息子を辰野の長男隆は何の疑いもなく「親戚の栗本君」と呼んでいたという。

工部大学校に併設された工部美術学校の卒業生とも、後述するように強い友情で結ばれていたようだ。特に画家の松岡壽とは、いつか共同できる日を夢見て、生涯にわたって深く付き合っていたのだろう。

学生に対しては、厳格であると同時に、情熱を持って慈しみ深く接したという。学生たちは、辰野のことを尊敬の念をもって「おやぢ」、後には「辰野おやぢ」と呼ぶようになった。弟子たちには、大学卒業後も我が子のように世話を焼いたという。

仕事の上でも、所員が犯したミスに対して、意図的でない限りは辰野自身の責任とし、過失を問うことをしなかった。辰野の帝国大学での教え子である柴垣鼎《しばがきてい》太郎《たろう》が女子学習院の建築設計に従事していた際、設計に行き詰まり、辞職を申し出たことがあった。辰野は「自分の考としては老先が短いので世の中から何と云はれても悪い責任は自分が有つ、君などは前途がある、自分は決して前途のある人間に疵は附けたくない」と語ったため、柴垣は涙を流して感謝をしたという（柴垣鼎太郎「先生の至誠に泣く」『工学博士辰野金吾伝』）。

図１－３　辰野家の人々
後列右より２人目が辰野金吾（辰野家蔵）

家族に対しても、厳しい家長でありながら大らかな一面を見せた。赤坂新坂町の自邸では、家族七人だけでなく親戚も住まわせ、総勢十八人を養っていた。さらに長屋にも人を住まわせ、また学資を与えて下宿就学をさせたものもいた。

図1－4　辰野金吾自邸
（辰野金吾設計，明治44年／辰野家蔵）

長男隆は、父金吾の回想をいくつか残している。書斎で夜中まで仕事に励む父。毎夏を過ごした館山の海で泳ぎを教えた父。死にのぞみ、妻に「お前を生涯の妻としたことは無上の満足だ」と語った父。父の記憶が遠ざかるにつれ、父への想いは畏敬の念から親愛の情へと変わっていったようだ。そこに現れる父金吾は、厳格ながら、慈愛に満ちている。

辰野は漢詩と俳句をたしなんだ。養父辰野《たつの》宗安《むねやす》からの感化と、往年の漢学私塾における薫陶によるものだろう。折々の心情を素朴な味わいのある漢詩に綴っている。『辰野金吾滞欧野帳』に見られる辰野が描いたスケッチの朴訥なイメージと通じるものがある。

外の顔としての「辰野堅固」と内の顔の「辰野おやぢ」。大きく印象の異なるイメージを辰野は持っているのだが、この二つの顔は考えてみればそれほど乖離した人物像ではないように思われる。辰野金吾の人生と建築観は、この両面を一体と見ていくことで、より含蓄に富んだものとして立ち現れてくるに違いない。

2　唐津から東京へ

裏坊主町にて

図1－5　辰野金吾生家（唐津裏坊主町）
（『工学博士辰野金吾伝』）

辰野金吾は嘉永七年（一八五四）八月二十二日、肥前唐津城下町に、藩士姫松倉右衛門の次男として生を受けた。生家は唐津城の外堀のさらに外、草葺きの屋敷の並ぶ裏坊主町にあった。藩士ではあったものの、最下級に近い身分である。

裏坊主町を歩くと、今も当時の通りの景観を彷彿させる笹の生け垣がわずかに残っている。かつてはこの低い生け垣が連続し、その奥に草葺き寄棟屋根の屋敷が建ち並んでいた。武家町といっても、素朴で親しみやすい風景だったに違いない。姫松家の向かいには、後に辰野の片腕として設計活動を支える岡《おか》田《だ》時《とき》太郎《たろう》（一八五九―一九二六）の家もあった。

次男だった金吾は、江戸詰めの藩士であった叔父辰野宗安の養子となる約束があった。唐津の下級武士の家に生まれたとはいえ、いずれは江戸に出ることを幼少期から意識していたことになる。実際、実母に「江戸ニ行ツタラ必ズ鑓ヲ立テ帰ツテクル」と誓っていたという（『工学博士辰野金吾伝』）。時あたかも黒船が来港していた時であり、金吾の中には新しい時代の予感がほのかに芽生えていたのかもしれない。けれども、辰野家の養子となったのは、明治元年（一八六八）、叔父宗安が江戸より帰藩してからのことであった。辰野家も同じ裏坊主町にあり、結局、その境遇は辰野家に入った後もほとんど変わることがなかった。

唐津にあって、辰野は数え年九歳より勉学を始めた。まずは四書五経、習字といった基礎的素養の修得である。戸田源司兵衛の下で四書五経を学んだ後、十三歳より野辺英輔の塾で修学した。ここでは学問をするに当たっての目的を強く説かれている。後に工学という実学の道を選んだことの起点がここにあったのかもしれない。野辺の塾で学ぶこと四年、ついには塾頭にまで進んだ。次いで藩の志道館に入塾し、一年間漢学を学んでいる。

高橋是清との出会い

ここまでの辰野の修学経緯を見ると、武士が一般的に身に付けるべき素養を学んでいたもので、江戸、あるいは国というものに思いを馳せることはできても、建築を学び、イギリスから世界へと旅立つ後年の辰野を彷彿させるものはほとんどない。下級武士の家に生まれたがゆえに、世界へと繋がる契機はほとんどなかったのだった。そこへ明治維新が起こり、辰野の身にも大きな変動が訪れることとなった。それは、辰野と同年生まれの高橋是清《たかはしこれきよ》（一八五四—一九三六）との出会いである。

志道館に学んでいた辰野は、明治三年に唐津藩が新設した洋学校「耐恒寮」に入校した。漢学から洋学への大転換である。洋学校を開校したものの志望者が少なく、その対策として入校者は兵役を免除する、と藩が決定したため、辰野は学問に専念できると喜び勇んで志願したのだという。この学校に英語教師として招かれた東太郎という人物が、後の高橋是清であった。

高橋是清は、言わずと知れた後の内閣総理大臣である。嘉永七年（一八五四）に江戸に生まれ、慶応三年（一八六七）にアメリカに渡るものの、奴隷同然の生活を強いられるが、その中で英語力を身に付け、明治元年に帰国した。若年にしてすでに激動の人生を歩んできた人物であった。滞米時に後に文部大臣となる森有礼《もりありのり》（一八四七―一八八九）と知遇を得るなど、政府要人との人脈も持ち、後には文部省等で官僚としてのキャリアを積み、政治家へと転身していく。この高橋の存在が、辰野をはじめとする在校生の目を海外に向けさせるのに刺激となったであろうことはいうまでもない。

耐恒寮には、後に工部大学校において共に学ぶことになる曽禰達蔵《そねたつぞう》（一八五二―一九三七）が先輩として学んでいた。曽禰家は唐津藩江戸藩邸詰めの藩士で、祐筆を務めるなど文で知られるとともに、藩主小笠原家から篤く信頼された家柄であった。達蔵自身も、藩主の世嗣で幕府老中を務めた小笠原《おがさわら》長行《ながみち》に付き従い、慶応二年の長州征伐から会津へと転戦している。曽禰と辰野は生涯にわたってお互いを支え合う仲となる。

この学校は藩の都合によりわずか一年で閉校となり、高橋は東京へと戻ることになった。閉校に先立って曽禰らが、そして少し遅れて辰野らが、高橋を追うように東京へと移っていった。高橋は、後に日本銀行本店の工事の建築事務主任として辰野と共同するなど、辰野の人生と折々に接していく。

東京に居を移した辰野であったが、知人らしき知人はいない。同藩の曽禰らを頼むのみであった。この時に曽禰とともに一足先に上京していた西脇乾三郎《にしわきかんざぶろう》の妹鳥羽秀子《とばひでこ》を、後に辰野は娶ることになる。

辰野は、同藩出身の繋がりで私塾「耐恒学舎」を主催していた山口文次郎の食客となり、下級生の授業を受け持つこととなった。ここでは教師のイギリス人モリスから英語を学んだ。

唐津時代より培った英語力はなかなかのものだった。後のイギリス留学及びグランド・ツアー時のノートである『辰野金吾滞欧野帳』はすべて英語で書かれているし、帰国後に教授に着任した工部大学校では、講義をすべて英語で行った。けれども、その英語は明治人らしいものだったようだ。長男隆は明治世代のカタカナ式の発音に言及する中で、父金吾の英語を次のように評している。

「私の親父の時代もそういったような発音でしたね。けれども、話は達者なんですよ。建築の事務所を開いてたころ、だからわれわれと同じ時代に大学を出た若い学士たちがいたわけですけれども、西洋人が来たときに自由に話したり書いたりできるのは、誰もおれにかなわない、といって得意だったんです。あんな発音でもチャンとわかるんですね。」(「長谷川如是閑」『忘れ得ぬことども』)

物怖じせずに英語を操った辰野ではあったが、やはり発音については多少の引け目を感じていたようである。イギリス留学時代のある日、コーネル大学を出て欧州歴訪中だった建築家小島憲之《こじまのりゆき》(一八五五―一九一八）が、辰野が学んでいたウィリアム・バージェスの建築事務所を訪れたことがあった。居合わせた辰野に対して、小島はアメリカ流に「ハロー」と挨拶したのに対し、辰野は「大和魂を忘れたのか」とカンカンに怒ったという（森井健介『師と友――建築をめぐる人びと』）。愛国者辰野らしいといえば言えなくもないが、ところはロンドンである。小島の流暢な英語に気圧されたのだろう。ちなみに小島は、後に第一高等中学校の教師として英語教育に携わり、夏目漱石など多くの俊英を育てていく。

　東京に暮らして一年程経った頃、工部省が工学士官を育成するための学校を創設することとなった。辰野は同郷の曽禰、麻生、吉原らとともにその入学試験を受けることになった。ここから辰野の建築への道が始まることになる。

第二章　工部大学校における造家学の修学

唐津から東京に出た辰野金吾は、明治六年（一八七三）に開校した工部省工学寮、後の工部大学校に第一期生として入学し、そこで当時「造家学」と呼ばれた建築学を学んでいく。必ずしも優秀な成績で入学したわけではなかったものの、六年間の在学中ひたすら勉学に励んだ結果、造家学の首席として卒業し、イギリス留学の権利を勝ち取ることになる。

工部大学校時代の修学については、造家学教師として来日したイギリス人青年建築家ジョサイア・コンドルから造家学に対する多大な影響を受け、また、コンドル自身の推挙により辰野が造家学の首席となった、と言われている。後の辰野の人生が、すべてコンドルとの出会いによって運命付けられたかのような評価がなされてきた。しかし、果たしてそうであろうか。工部大学校時代の辰野について語られたものは意外に少ない。本人の回顧談に基づくものがいくつかあるが、実際には、工部大学校時代の造家学教育を回顧したものは、ほとんどが曽禰達蔵によるものである。つまり、曽禰達蔵の見方による工部大学校とコンドルの評価を下敷きに、我々はこの時代を見てきたのかもしれない。工部大学校での教育に関わる史料や記録を丁寧に辿っていくと、こうした見方とは少し異なる様相が現れてくる。本章では、辰野自身が受けた教育を中心に史料や記録を見直し、工部大学校における造家学教育の実態を掘り下げていきたい。

1　工部省と工学寮・工部大学校

工部省工学寮・工部大学校の沿革

辰野が建築を学んだ工部大学校は、明治六年から十八年の間に存在した工学教育のための官立の高等教育機関である（図2-1）。この学校は、明治三年に殖産興業政策推進のために設置された工部省が所管した。当初は「工部省工学寮」の名で開校され、明治十年に改組されて「工部大学校」となった（本書では、工学寮と工部大学校をまとめて「工部大学校」と呼び、開校時の状況に言及する時のみ「工学寮」と呼称する）。

工部省は、政治家ではなく技術官僚が主導するという、明治政府の諸官庁中でも特異な性格を持った役所であった。そもそも省の設置を主導したのが技術官僚である山尾庸三《やまおようぞう》らであり、後に工部卿（大臣に当たる）になる伊藤博文《いとうひろぶみ》も幕末に山尾らとともにイギリスに渡った「長州五傑」の一人であり、殖産興業の重要性を強く認識していた。

この役所の中に、まずは工業士官を育成するための教育を担当する部局として「工学寮」が明治四年八月に設置された。次いで、この部局の管轄下に大学校及び小学校を設置することとし、明治六年にそのうちの大学校が部局名を冠した「工学寮」の名称で開校されることとなった。校舎は暫定的に虎ノ門内の旧延岡藩邸が用いられたが、明治十年にかけて徐々に西洋建築の校舎が建設され、本館を中心とする本格的な西洋式のキャンパスを形成するに至った。

工学寮の教育体制及び内容は、山尾と伊藤が幕末にイギリスに留学していた縁もあり、イギリス人教師団を招き、同国における工学教育を下敷きとして整えられた。招聘教師については、明治四年から六年の岩倉遣欧使節団の一員としてイギリスに滞在していた伊藤博文が、まずマセソン商会に斡旋を持ちかけ、次いでマセソンがイギリス北部のスコットランドにあるグラスゴー大学の教授ウィリアム・ランキンに選定を依頼した。ランキンと先代教授のルイス・ゴードン、元同僚のウィリアム・トムソンらの意向を踏まえて人選と教育カリキュラムの検討が進められ、教頭に相当する都検が一名、教師が八名の計九名が雇われることとなった。都検にはグラスゴー大学出身の機械学者ヘンリー・ダイアー（Henry Dyer, 一八四八—一九一

図2-1　工部大学校本館
（ボアンヴィル設計，明治10年／『明治大正建築写真聚覧』）

八）が選ばれた。

ダイアーの都検就任後は、教育カリキュラムの策定をダイアーが担った。ダイアーは、日本に理想的な工学教育を行う機関を設立することを望み、ジョン・スコット・ラッセルの『職業教育論』を参考に、スイスのチューリッヒ職業大学校をモデルとして、専門教育だけでなく実地教育を同時に行う教育カリキュラムを企画した。このような教育体制を敷いた学校はイギリス本国にも存在しなかったもので、この学校は世界的に見ても特異な性格を有することとなった。

このことは日本における建築学教育のあり方に大きな影響を及ぼすこととなる。工学寮は、チューリッヒにおける学科構成を参考に、土木、機械、造家、電信、化学、冶金、鉱山の七科でスタートした。明治十五年には造船学が増置されて八科となった。この学科構成のうち、イギリスにおける工学教育機関と異なっているのが「造家」、すなわち今日でいう「建築」の存在である。当時のイギリスでは、工学教育機関には建築を専門とする学科が置かれず、建築教育は総合大学か美術学校において行われていた。チューリッヒ職業大学校を参考に「造家」が追加されたわけで、イギリス流の工学教育からすれば工学寮における造家学は鬼っ子のごとき存在だったわけである。実際、開校当初に雇用された教師には造家学の専門家が含まれておらず、造家学教師が着任するのは明治十年を待たねばならなかった。

工学寮は明治十年一月、工部省における寮制廃止の機構改革にともない、「工部大学校」と改称されて工作局に属し、以降、工作局長大鳥圭介《おおとりけいすけ》が校長を務めた。明治十五年八月十九日には工作局から独立し、工部省直轄となった。

工部省は、殖産興業を官主導で進める役割を一定程度果たした後、内閣制度発足に合わせて、明治十八年十二月二十二日に廃止された。これにともない、工部大学校は東京大学工芸学部と統合されて文部省に移管され、翌十九年三月の帝国大学設置に際し、帝国大学工科大学へと改組された。後、東京帝国大学工科大学へと改称され、現在の東京大学工学部へと続いていく。

工学教育を行う二校

華々しく開校された工部大学校であったが、当時工学教育を行ったのは工部大学校のみではなかったことを指摘しておかねばならない。後に工部大学校が統合されることになる東京大学工芸学部の前身である、文部省が設置した高等教育機関「大学南校」（後に「開成学校」、次いで「東京大学」と改称）の理学部がそれである。ここには建築に関する独立した学科はなかったものの、同学部工学科土木専攻において建築に関する教育が行われていた。後に文部省の官僚建築家となる山口半六《やまぐちはんろく》（一八五八―一九〇〇）、帝国大学工科大学兼任教授となる小島憲之が同校に学んでいる。

工部大学校と大学南校における教育は、基本姿勢に違いがあった。工部大学校は実地教育中心、大学南校は講義中心の教育がなされた。両校の教育姿勢の差異は、この国の工学教育に二重性があったことを意味する。両校は明治十九年の帝国大学設置に際して統合されるわけだが、教育姿勢の二重性は、工学界における学閥として後々まで影響を残していくこととなる。

2　工学寮への入校と造家学の選択

明治六年（一八七三）、辰野は工学寮に第一期生として入校した。実は、ぎりぎりの成績での入学であった（図2-2）。

工学寮入校

工学寮の第一期生徒募集は明治六年七月にあった。定員は官費入校で寮生活を送る甲科生徒が二十名、私費通学となる乙科生徒が二十名で、そこに八十三名の出願者があった。辰野は甲科生徒二十名のうちに入ることができなかったものの、乙科生徒として合格し、私費の通学生となった。この時、同藩の曽禰達蔵は甲科生徒として合格している。

同年十月に十二名の官費生追加募集があり、辰野は猛勉強の末、四百名ほどに膨れ上がった受験者の中、みごと合格し、官費入校生となった（図2-3）。ただし、合格成績は最下位であった。なお、この時の通学生は明治七年四月に官費入校を命ぜられ、通学生の制度は廃された。

同級の官費入校生中、後に造家学を学ぶことになる生徒に、曽禰達蔵、原田東熊《はらだとうくま》（後の片山《かたやま》東熊、一八五四―一九一七。本書では「片山東熊」と呼ぶ）、佐立七次郎《さたちしちじろう》（一八五七―一九二二）、宮伝次郎《みやでんじろう》（在学中に死去）がいた。辰野の入学成績は実際に官費入校した生徒三十一名中の最下位ではあったものの、追加募集時に四百名中を勝ち抜き官費生となったことは並大抵のことではない。第一期に通学生として合格した者の中には、後に造家学を卒業する小原益知《おはらますとも》（第三期生）と河合浩蔵《かわいこうぞう》（第四期生）が含まれており、官費入校を勝ち得た辰野が秀でた学力を有していたことがうかがえる。とはいえ、成績順位は在校中、常に表示されていたようで、この入学順位は辰野の心に重くのしかかっていたことだろう。

しかし、そもそもなぜ辰野は工学寮に入ろうとしたのだろうか。工学寮の最初の生徒募集時にはあまり広報がされず、工部省と繋がりのある私塾等を通じて入学試験があることを知るくらいだったという。辰野の出身地である唐津からは曽禰と麻生政包《あそうまさかね》の計三名が入校したが、彼らは唐津の耐恒寮か

図2－2　工部大学校修学時の辰野（辰野家蔵）

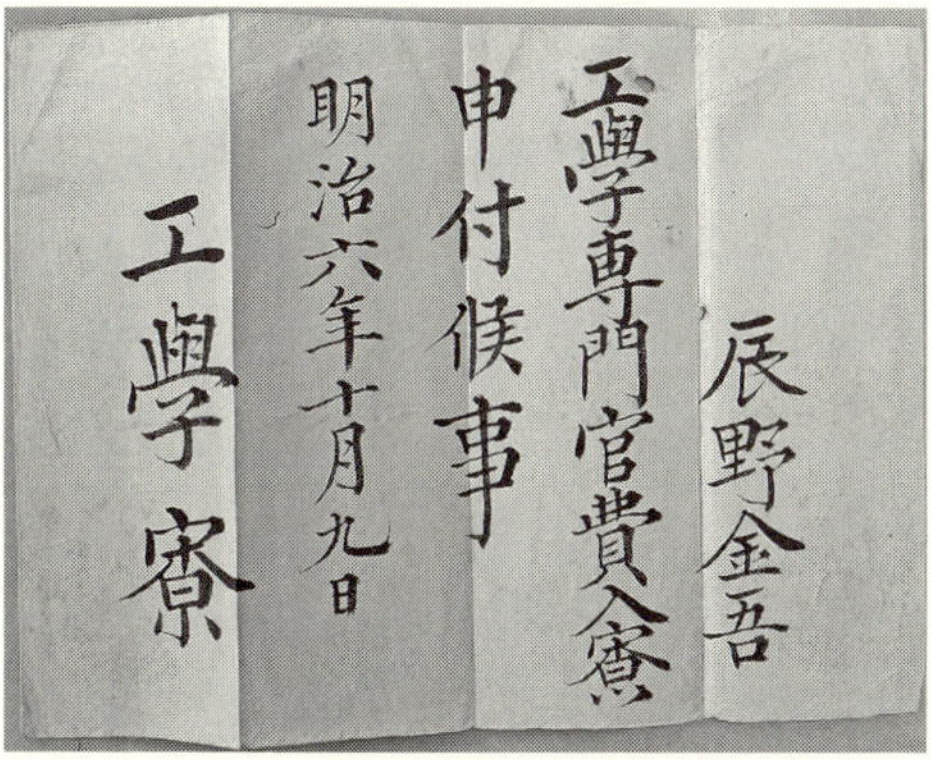

辰野金吾
工學専門官費入寮
申付候事
明治六年十月九日
工學寮

図2－3　工学寮官費入寮通知
（東京大学大学院工学系研究科建築学専攻蔵）

ら生徒募集の情報を得たようである。というのも、工学寮の創設事務を担当した林《はやし》董《ただす》が高橋是清と同門であり、さらには耐恒寮に赴任する予定もあったからである。辰野に工学寮への入学を志望する積極的な理由があったとすれば、それは幼少期より意識していた「江戸で槍を立てる」の一念で学問によって身を立てようとしたことが挙げられるくらいで、工学をあえて選択する理由は見出しにくい。ただ目の前にやってきた好機を摑まえるというところから、辰野は工学と出会うことになったのだろう。

造家学の選択

工部大学校の教育システムは、予科二年、専門科二年、実地科二年の都合六年間からなる。工学の各分野に分かれて専門教育を受ける専門科への配属は、二年の予科を終えた後に選択制で決められた。

辰野は元々は造家学ではなく、造船学を志していた。しかし開校当初には造船学の専門科が置かれていなかったため、造船学の講義が含まれていた機械学への配属を志望した（『工学博士辰野金吾伝』）。当時において世界と繫がる唯一の交通手段であった船に目を向けたあたりに、学問によって身を立てようとした辰野の意志がうかがえよう。しかし教師と反りが合わなかったため、一念発起して造家学へと転じたのだという。

では、造船学を諦めた後、なぜ造家学に転じたのだろうか。そもそも辰野は造家学をいかなる学問領域として受け取っていたのだろうか。今日、建築学といえば、芸術と工学が混ざり合った学問として認識されていよう。けれども、当時の辰野は芸術のたしなみがなく、芸術の学との認識から造家学を選んだとは考えにくい。また先述の通り、そもそも造家学には当初専任の教師が置かれておらず、工学寮における鬼っ子のような存在であった。辰野らが専門科に進んだのは明治八年十月であるが、専任の教師として気鋭のイギリス人建築家コンドルが赴任したのは明治十年一月と、その一年四ヶ月後であった。このことを見ると、生徒たちにとって造家学は他学科に比べて重きが置かれていないように受け取られたことだろう。

したがって、辰野が造家学を選んだ理由は見出しにくい。辰野の出自を見ても、造家学を志す理由が見あたらないのである。たまたま入りやすい学科を選んだ、というのも失礼な言い方ではあるが、案外そんなことだったかもしれない。実際、造家学では、第一期生から五期生までは一定数の生徒がいたものの、以降は学年に一、二名と他学科に比べて生徒数が極端に少なく、また卒業時の成績を見ても総合成績で他学科の生徒に劣っており、学術面でぬきんでた生徒が造家学を選んでいるわけではなかった。コンドルも、明治十七年十二月の「工部大学校第二年報」における報告で、造家学に人気がないことを嘆いている。つまりこの時点での辰野にとって、造家学はあくまでも工学の一分野に過ぎないものだったのだろう。

「造家」と「建築」

では、造家学はいったいどのような学問として認識されていたのだろうか。辰野にとってだけではなく、実は工部大学校関係者にも正確にはその内容が理解されていなかったようである。このことは、「造家」という今日には継承されていない学科名に象徴的に表れている。

ここで「造家」と「建築」の語について触れておきたい。工部大学校における建築教育は、「造家学」という名称で行われた。しかし、当時、建築といえば常に「造家」の語が用いられたわけではなく、近世以来の「造営」や、あるいは「建築」の語が一般的に用いられていた。「造家」と「建築」にはどのような意味の違いがあったのだろうか。

「造家」と「建築」は、いずれも幕末期にarchitectureの訳語として造語されたものであった。しかし、一般にはまず「建築」の語が流布したようである。その意味も、今日的な意味での建築物に関わる哲学から行為までを含む「建築」というよりは、建設に関わる行為一般、すなわちconstructionに近い意味で用いられた。

工部大学校でも、最初の生徒募集時には「建築学」の語が用いられた。第一期生徒募集時に制定された「工学寮入学式并学課略則」（明治六年七月二十七日制定、国立公文書館蔵）には、専門の学科名に「建築学」の語が用いられている。しかし、生徒入学後の明治七年二月に制定された「工学寮学課并諸規則」では、それが「造家学」の語に改訂されていた。曽禰達蔵はこの名称変更の不可解さについて後に幾度か述懐している。この変更は、「建築」の語が建設行為を示す語として一般に流布しつつあったのを、工学の一分野としてのarchitectureという新しいイメージを打ち出すために、工部省が意図的に「造家学」の語を選び取ったことを示している。

ただしこの「造家」の語は、工部省関係においてのみ用いられ、他の官庁や一般においては「建築」の語が用いられていった。すなわち、工部大学校における造家学は、工学としてのarchitecture

を対象とする、建設行為一般とは異なる色を持った分野として世に現れたのであった。辰野が造家学を工学色の強いものとして認識したのは、個人的志向によるだけでなく、工部省及び工部大学校において意図された内容から必然的に導かれた結果でもあった。

3　造家学の修学

次に、工部大学校における造家学教育の実態と、そこでの辰野の修学状況を見ていこう。

コンドル来日以前の造家学教育

工部大学校での教育の実態は、これまでは曽禰達蔵の回顧談等を元に言及される程度で、あまり具体的には述べられてこなかった。しかし工部大学校の学則、組織、シラバスを年度ごとに詳細に記した要項である *Imperial college of engineering, Tokei. Calendar*（以下「カレンダー」と略記）より、教育内容を詳しく知ることができる。

辰野ら一期生は明治八年十月に専門科に進んだものの、造家学には専任教師がいなかったため、専門的な建築教育を受けられなかったと言われてきた。しかし、土木学、機械学との共通科目である「材料力学」と「測量」については講義が行われており、当然ながら工学の基礎教育は受けていた。問題は、造家学単独の専門科目である。造家学の根幹をなす科目である設計製図の指導は、工部省雇のシャルル・アルフレッド・シャステル・ドゥ・ボアンヴィル、そして後にはジョン・ダイアックによって実施されていた（『工学博士辰野金吾伝』）。その内容は、細部図面のトレースのようなもので、体系立ったものではなかったとされ、詳細は知られてこなかった。しかし、明治九年度版のカレンダーに掲載された四年生対象の試験問題から、その指導内容が推測できる。問題は、工部大学校と紙幣寮の建築について図面を模写するとともに、様式や施工に関して問うものだった。いずれの建物もボアンヴィルの設計になるものであることから、ボアンヴィルが出題したものとわかる。自らの手がけた建築物を題材に、設計製図を指導していたことがうかがえよう。

この他に一般問題として、屋根構造の設計、講義内容のまとめ、構造設計についての論考などが出題された。つまり、建築の専任教師はいなかったものの、土木学などとの共通科目で構造などの工学的側面の学習は進められていたことになる。

この頃の辰野の成績は、明治九年のカレンダーからうかがえる。ここには明治八年の冬学期、すなわち専門科の一年目の成績が載っている。造家学専門科目では、「材料力学」で辰野が七三・七点のトップ、以下佐立、曽禰、宮、原田（片山）の順に続き、そして他学科との共通科目である「測量」で、造家学では辰野が五四・三点でトップ、以下曽禰、佐立、原田、宮の順であった。辰野が工学的分野を得意としていた様子がよくうかがえよう。

明治十年のカレンダーには、明治九年の冬学期、すなわち専門科二年目の成績が載るはずだが、ここには下級生（藤本壽吉、渡邊譲）の構造試験の成績しか載っていない。辰野の学年については、すでに赴任が決まっていたコンドルの来日を待ち、試験を先送りにしたのかもしれない。

コンドルの造家学教育

明治十年一月、待望の造家学教師、ジョサイア・コンドルがイギリスより来日した。コンドルは、ロンドン大学とサウス・ケンジントン美術学校で建築学を学び、来日前に新人建築家の登竜門であるソーン賞を獲得した、将来を嘱望された建築家であった。材料、構造、施工といった工学的側面から、東西の建築様式やステンドグラスなどの建築装飾技法に至る芸術的側面にまで通じた、総合的な建築教育を行いうる人物で、辰野たちは六年間の課程の中の四年目後半に至り、やっと体系的な西洋建築の教育を受けられることになったわけである。コンドルが担当した辰野の学年への講義は、明治十年度のカレンダーによれば、「建築沿革史」、「造家物理学」の二種であった。

しかし、コンドル着任から九ヶ月後には辰野の学年は実地科に入り、建築現場での実習を行うことになったため、辰野ら一期生がコンドルから講義を受けた期間は、実はそれほど長くなく、内容も充実していたとは言い難い。二期生以降の学年がコンドルから受けた講義は、「工部大学校第二年報」（明治十七年十二月）におけるコンドルの報告によれば、「建築沿革史」、「造家物理学」、「建築計算法」、「立約法」、「仕様法」を各週二回行うものであった。第二期生になって初めてコンドルによる本格的な建築教育を受けられる

図２－４　ジョサイア・コンドル（東京大学大学院工学系研究科建築学専攻蔵）

ようになったのだった。

実地科において、辰野はコンドル設計の上野博物館、開拓使物産売捌所での現場研修を行っている。これもまた十分に長い期間とは言い難いものの、コンドルの指導によって施工及び設計監理の一端に触れることとなった。

コンドルの着任により、辰野が建築に特化した体系的な教育の一端に触れたことは間違いない。以前の教育が工学的側面に偏ったものであったのに対し、建築の芸術としての側面にも、コンドルによって触れることとなったであろう。しかし、コンドルから教えを受けた期間が二期生以降に比べてかなり限定されていたことには、改めて注意しておく必要がある。

学生時代の辰野と学友

工部大学校の学生はスコットランド風の制服を着用しており、その目立つ姿ゆえにかなりもてはやされたようである。しかし学生時代の辰野には浮ついた話は一切無く、ひたすら勉学に励む日々であった。辰野は度々、長男隆に「自分は一度でも秀才であった例しはない。然し如何なる秀才も自分ほど勉強家ではなかった。秀才が一度聞いて覚えることは自分は十度訊ね、二十度質して覚えた。貴様たちもその意気で勉強しろ」と語ったという（辰野隆「父の書斎」）。

造家学の三名の同級生との間には、それぞれに学生時代の交遊が伝えられている。同郷の曽禰とは、生涯を通じて固い絆で結ばれた。曽禰も辰野に負けず劣らずの勉強家であったが、同級の小花冬吉《おばなふゆよし》（一八五六―一九三四）が長男隆に語ったところによれば、「御前のおやじと曽禰君は、大変な勉強家だった。曽禰君が散歩から帰ってくると、辰野君が勉強している。またかといって曽禰君が心配そうな顔をしたくらいだった。それ程御前のおやじはクソ勉強だった」という（辰野隆「父の思い出」）。卒業後の曽禰は、その温厚な性格も手伝い、一線に立っていく辰野からは一歩引いて、日本の建築界を俯瞰しつつ、縁の下からそれを支えていく。

片山東熊は、堂々たる体軀の偉丈夫で、度量が広く大らかな性格であったという。長州出身で奇兵隊にも所属していた片山は、山縣有朋《やまがたありとも》と懇意にしており、後に山縣の庇護を受けて宮内省に入り、宮廷建築家として華麗な宮殿建築を多数残していくことになる。在学中、造家学の同級四名の間で建築設計のコンペが行われたことがあった（「明治建築座談会」第二回）。当時陸軍卿であった山縣が麹町区五番町の自邸を新築するにあたり、同郷の片山を通じて、在学四名による設計コンペを行うよう提案したものである。全員が設計案を提示したものの、結局、片山案が採用され、実現された。これが日本人建築家最初の作品となった。この片山も、辰野とは意外に馬があったようで、つかず離れずで共に日本の建築界をリードしていくことになる。

もう一人の同級生である佐立七次郎は、大柄な体格ながらも小心な面を持っていた。建築家として活躍していた人生の半ば、社会との関係を絶ち、自宅に引きこもってしまったという。しかし、学生時代以来、辰野や曽禰とは深い絆で結ばれていた。

工部大学校では寮生活を送ったため、他学科の学友とも隔てなく交流ができた。寮では専門科に進む段階から学科毎に同室することになったが、寮のホールには多数の学生が集まり、遅くまで勉強していたという（『工学博士辰野金吾伝』）。工部大学校生徒との学科を超えた交流は、生涯続くことになる。

図2－5　工部大学校第１期卒業生

大正４年撮影。辰野を中心に右上に曽禰達蔵，左下に片山東熊，左下隅に佐立七次郎（辰野家蔵）

明治十二年に第一期生が卒業した際、学科の枠を超えて工学会を立ち上げたことも、卒業生間の絆をよく示している。学科単位での学会は、工部大学校が東京大学工芸学部と合併し、帝国大学工科大学となった明治十九年以降になってから設立された。後述するように、工部大学校と東京大学工芸学部の合併は、対等合併というよりは、実質的に東京大学工芸学部への吸収に近いものがあったようで、むしろこの合併にともなう危機感が、学科ごとの学会設置をうながしたともいえる。

造家学首席卒業

がむしゃらに勉学に励んだ辰野は、明治十二年十一月八日、「第一等及第」で、工部大学校造家学を首席で卒業した。各学科の首席卒業者は、コンドルらのお雇い外国人教師に代わって教授となることを目的に、欧州への官費留学が命ぜられることとなり、辰野は他学科の卒業生十名とともに欧州留学を勝ち取った。

入校時には最下位だった辰野にとって、この結果がどれだけの自信となったか、想像に難くない。

辰野が造家学の首席となったことについては、一つの解釈が通説となっている。それは、建築家としての才能は曽禰達蔵の方が勝っていたが、明治国家を支えるには辰野の気骨が必要であると、教師のコンドルが判断し、評価の劣る辰野をあえて首席に選んだ、というものである。しかし、これには少々、事実と異なる点がある。

卒業設計と卒業論文のテーマは、いずれもコンドルによって課された複数のテーマから選び取られたものであった。これらは現在も東京大学大学院工学系研究科建築学専攻に保存されている。辰野の卒業設計は自然史博物館をテーマとしている。左右対称のファサード構成で、開口部にヴェネツィアン・ゴシックの細部意匠を用いている。平面構成、細部とも、コンドルが設計した上野博物館と開拓使物産売捌所を組み合わせたようなもので、平凡な作であった。一方、曽禰の卒業設計のテーマは精神病院であった。ルネサンス様式の優美な作で、平面構成に特段の工夫が見られるわけではないが、横長のファサードに調和するよう中央に扁平のドームを配し、引き締まった比例感覚を見せる秀作である。卒業設計に関して言えば、曽禰の方が勝っているのは明らかで、辰野についてはまだ才能の片鱗も見えていないというべきものであった。

卒業論文は、造家学の四名の生徒全員が "Thesis on the future domestic architecture in Japan (日本の将来の住宅建築についての論文)" という主題で執筆した。各論文にはコンドルによる評価が記されている。辰野の論文は手堅くまとめられたもので、コンドルは次のように評している。

「論文の整理はよくできており、曽禰君のものに大変似ている。地震の考察のようなところは、大変注意深く、かつ上手に数学的に扱われている。論者は、将来の装飾あるいは様式という点をよく考えているが、これといった結論あるいは提言に至っていない。提案の中でも、実地上の部分は実に不足なく完璧である。それらの点は申し分ない。」

悪い評価ではないが、曽禰の論文が引き合いに出されていることから、曽禰に少し劣る評価がなされたことがうかがえる。

一方、曽禰の論文は、日本の住宅史を通覧した上で今日の住宅建築を語るという見事な歴史観をもって記されている。また、イタリアの建築様式に倣いながら、伝統様式の利点を保持しつつ、新たな様式を創造したいという将来の住宅像にも言及している。コンドルは、

「細心の注意と深い考察によって周到に書かれた論文である。日本の将来の様式についての提言を導くための実際的な問題も、また芸術的な問題も、よく考えられており、みごとな結論に到達しているところもある。」

と高く評価している。

卒業設計、卒業論文のいずれも、辰野より曽禰の方が高く評価される内容のものを作り上げていた。

これは間違いない。しかし、工部大学校の卒業成績は実際には、卒業時の論文、設計、試験のみで判断されたわけではなかった。「工部大学校学課并諸規則」には、入学以来の試験成績に、卒業論文、卒業設計、そして卒業試験の成績を加算して卒業成績が判定されることが明記されている。満点を三二〇〇点として、二〇〇〇点以上が「第一等及第」、一〇〇〇点以上が「第二等及第」での卒業、それ以下が卒業ではなく修業とされた。第一等及第にのみ「工学士」の称号が与えられ、第二等及第者には二年後の学位特別試験（論文ないし実地従事等のレポートの提出と試験の受験）を経て「工学士」の称号が与えられるという差別化が図られていた。この差は、工部省奉職時の初任給にも反映された。したがって、その成績評価が厳密に行われ、情状酌量の余地はあまりなかったであろうことは想像に難くない。造家学の第一回卒業生では、辰野と片山が第一等、曽禰と佐立が第二等の及第であった。英語版カレンダー明治十三年（一八八〇）版に、卒業成績の点数が記録されている（図2－6）。造家学の四名中、辰野が二〇八・七点、片山が二〇〇・五点、曽禰が一九四・九点、佐立が一八八・六点であった。僅差ではあるものの、第一等と第二等の差は大きい。実は曽禰が「工学士」の称号を得たのは、明治二十一年まで遅れたのである。ちなみに、同年卒業生の中では電信学の志田林三郎《しだりんざぶろう》（一八五六―一八九二）の成績が一頭地を抜いており、二七六・八点であった。

辰野が造家学首席となったのは、必ずしもコンドルだけの判断によったものではなかったことが、ここから知られよう。曽禰は卒業論文と卒業設計では高い評価を得たものの、六年間の通算成績で劣っていたのである。辰野はその美的センスあるいは設計能力というより、技術や実務面を含めた総合

GRADUATES OF THE COLLEGE.

1879.

N.B.—Explanation of these marks will be found on page 23 of the Calendar.

SUBJECT.	FIRST CLASS DIPLOMA AWARDED TO	MARKS OBTAINED.	SECOND CLASS DIPLOMA AWARDED TO	MARKS OBTAINED.	CERTIFCATE AWARDED TO	MARKS OBTAINED'
Civil Engineering.	Minami Kiyoshi.	208·6	Ishibashi Ayahiko.	158·3	Sugiyama Shiukichi.*	85·4
Mechanical Engineering.	Takayama Naomoto. Miyoshi Shinrokuro. Arakawa' Shinichiro.	215·3 209·4 204·4	Imada Seinoshin. Ichikawa Koji.	147·9 121·1		
Telegraphy.	Shida Rinzaburo.	276·8				
Architecture.	Tatsuno Kingo. Harada Tokuma.	208·7 200·5	Sone Tatsuzo. Satachi Shichijiro.	194·9 188·6		
Mining.	Kondo Kizo.	205·5	Asaw Masakane.	188·2		
Chemistry.			Takamine Jokichi. Mori Seikichi. Nakamura Teikichi. Fukahori Sukeyuki. Kishi Shinjiro. Torii Yoshiwo.	194·2 195·0 174·2 163·2 119·2 116·2		
Metallurgy.			Obana Fuyuyoshi. Kurimoto Ren.	171·2 165·7		

* Mr. Sugiyama was absent on account of ill health from the greater number of the Final Written Examinations.

図2-6　工部大学校第1期卒業生の卒業成績
（工部大学校カレンダー1880年版）

的な能力において、実力で首席を勝ち取ったのだった。

コンドルへの思い

では、逆に辰野はコンドルに対してどのような思いを抱いていたのだろうか。工部大学校を初期に卒業した建築家たちは、一様にコンドルに心酔していたかのように語られている。例えば曽禰達蔵は、卒業後、工部大学校助教授（今日の助手に近い役職）としてコンドルの補佐役を務め、後には三菱に入社し、コンドルの下で設計に従事したので、愛弟子と言うべき存在である。その回顧談は師への尊敬の念に溢れている。しかし、一方の辰野は自身のことばでコンドルのことをほとんど語っていない。コンドルに対して、特別な教師というよりは、恩人ではあるものの、あくまで一教師として認識していたにすぎないように見えるのである。

辰野がコンドルに学んだ期間は、先述のようにそれほど長くはなかった。コンドルの着任時期の関係で、本来四年間で座学と実地研修を受けるはずのカリキュラムが、二年半に圧縮されてしまったのである。ここで建築に関するすべての能力を身につけ、哲学を磨いたとは到底言えないだろう。また、工部大学校時代の辰野にとって、建築とはなによりも工学であり、コンドルが持ち込んだ芸術的側面には、この時点ではそれほど傾倒していなかったと思われる。工部大学校の学生たちが学科を横断して交流していたことも、芸術よりも工学に辰野の目を向かせた理由の一つであろう。工部大学校において辰野が学んだ「造家」とは、様式の問題というよりも、いかに堅牢に建築を施工するかという工学的側面にかなり傾斜したものだった。

そもそも年齢からしても、コンドルは辰野より二歳年長であるに過ぎない。辰野はコンドルのことを、むしろライバルとして認識していたのかもしれない。

辰野は工部大学校時代の日常も自らのことばではあまり回顧していない。これは目の前の勉学に汲々としていたということにもよろうが、そこで学んだことよりも多くを学んだ場が別にあったということを示しているように思われる。それは、明治十三年から十六年に及んだ欧州留学である。

第三章　イギリス留学とグランド・ツアー

辰野は明治十二年（一八七九）に工部大学校造家学を首席で卒業後、翌年二月八日、他学の首席卒業者十名とともに官費留学生としてイギリスに向けて横浜を発ち、三月二十三日にロンドンに到着した。そこで二年間を過ごした後、引き続き一年間かけてフランス、イタリアを巡り、明治十六年五月二十六日に帰国する。この経験は辰野の建築観を形成する上で本質的なものであった。

イギリスでは、ロンドン大学及びロイヤル・アカデミー・オブ・アーツで建築学を修学する一方、施工会社及び建築設計事務所での実務経験を積んだ。前者については、建築学を学び直すというよりも、留学の主目的だった日本での建築教育の参考とするための教員研修というべきものだった。後者については、キュービット建築会社で施工を、建築家ウィリアム・バージェスの事務所で設計を学ぶのだが、それだけでなくバージェスからは〈美術建築〉の概念、美術家との共同、建築家としての心構えなど、建築哲学の一切を吸収することになる。

フランス、イタリアでは、十八世紀以降のヨーロッパの知識人が見聞を深める旅行をしたように、歴史的建築物から最新の建築に至るさまざまな建築を訪れた。この旅は辰野にとってのグランド・ツアーというべきものであった。

1　『辰野金吾滞欧野帳』

『工学博士辰野金吾伝』掲載のスケッチ十点

二年間のロンドン留学時代、そして一年間のフランス及びイタリアへの旅行を合わせた三年間の欧州留学について、これまでの辰野金吾研究においてはその意味や意義が深くは問われてこなかった。その理由の一つは、この間の辰野の足跡を追跡することを可能とする史料が確認されてこなかったことによる。これまでに知られていたものは、『工学博士辰野金吾伝』に記載されている概要、同書に掲載されている欧州滞在中に辰野が描いた建築関係のスケッチ十点、同時期にローマ留学中だった画家の松岡壽の日記に記載された辰野に関する文章や、同じくヴェネツィア留学中だった彫刻家の長沼守敬宛の書簡だけであった。

『工学博士辰野金吾伝』には巻頭に欧州滞在中に辰野が描いたスケッチが十点掲載されている。これらには、「博士既に英国にて建築の学業を終へ欧州大陸に渡り、一八八二年より八三年の間に実地見学中主として仏伊視察の間にスケッチせる建築物写生帳五冊約七百図の中より」転載されたものだという但し書きがある。つまり、この図版の出典となる「建築物写生帳」五冊があることを意味する。

この野帳があれば、辰野がフランス及びイタリアで何を見て、何を考えたのかをひもとくことができるはずだが、「建築物写生帳五冊」は失われてしまったと考えられてきた。

同書に掲載されたスケッチ十点は、地名や建物名などを辰野が原語で明記したものもあれば、地名だけでその詳細は不明なもの、地名がないものもある。以下にスケッチの記述を抄訳する。

第九図　一八八二年五月三十一日付「クリュニー美術館、柱頭の詳細」
第十図　一八八二年五月三十一日付「パリ、クリュニー美術館」
第十一図　一八八二年七月十九日付「オルレアン、都市住宅の煉瓦煙突」
第十二図　一八八二年七月二十一日付「オルレアン、歴史考古美術館として使われているディアーヌ館のコーニス」
第十三図　一八八二年七月二十四日付「オルレアン、歴史考古美術館、井戸の屋根」
第十四図　一八八二年七月二十八日付「ブロワ、木部詳細」
第十五図　一八八二年八月四日付「ブロワ、都市建築の装飾細部、ブロワ城煙突」
第十六図　一八八二年十月二十日付「イタリア、カルトゥジオ会修道院尖塔」
第十七図　一八八二年十二月二十二日付「フィレンツェ、パラッツォ・メディチ・リッカルディのコーニス」
第十八図　一八八三年一月十七日付「フィレンツェ、パラッツォ・ストロッツィのコーニス」

図3-1　欧州留学直前の辰野
（辰野家蔵）

平成二十一年夏、この「建築物写生帳五冊」の一部と考えられる『辰野金吾滞欧野帳』四冊が現存することが判明した（口絵二頁）。明治三十六年に辰野は東京に葛西萬司《かさいまんじ》（一八六三―一九四二）とともに辰野・葛西建築事務所を開設するのだが、この葛西の甥である建築家横井道二《よこいみちじ》の遺族宅に長く保管されていたものが再び世に出てきたのである。これらの野帳は平成二十六年に、辰野家に寄贈された。

四冊の『辰野金吾滞欧野帳』

四冊の『辰野金吾滞欧野帳』（以下『滞欧野帳』と略記）の概要は巻末資料の表1（「『辰野金吾滞欧野帳』概要」）に示す通りである。

『工学博士辰野金吾伝』に、「建築物写生帳五冊」は「一八八二年より八三年の間」に記されたものであるとの但し書きがあるので、イギリス留学開始からおよそ一年を経た明治十四年（一八八一）一月二十七日から同年五月二十一日までが記された第一巻は「建築物写生帳五冊」には含まれない。また第一巻は他の三巻とは異なり、イギリス留学時代の師である建築家ウィリアム・バージェス設計の建築物のスケッチやその事務所において閲覧した建築図面の書き写しが多くみられ、他の三巻とは性質が異なっている。野帳の装幀も異なり、マーブル模様の紙製表紙である。

第二巻から第四巻は継続して書かれており（表1「『辰野金吾滞欧野帳』概要」参照）、また『工学博士辰野金吾伝』掲載のスケッチ十点の内の八点を認めることができる（表2-①②③「『辰野金吾滞欧野帳』第二、第三、第四巻の概要」参照）。したがって、第二巻から第四巻は「建築物写生帳五冊」の内の三冊であると同定できる。また野帳の装幀についても、三冊は布張り表紙で大きさもほぼ同じで、表紙内側にはどれもパリのセーヌ通り34番にあった「文房具店シャプロン（Papeterie Chapron）」のシールが貼られている。パリで野帳をまとめ買いして、旅の記録を開始したのだろう。

後述するように、留学時代に購入した書籍の検討から、辰野が明治十五年（一八八二）五月二日にはまだロンドンに居たことが判明する。その一週間後の五月九日から第二巻は開始されているので、第二巻が「建築物写生帳五冊」の一冊目であると考えられる。

「建築物写生帳五冊」の残り二冊は今までのところ見出されていないが、二冊とも『滞欧野帳』第四巻に後続する野帳だったと考えられる。第四巻は明治十五年（一八八二）十二月四日付のヴェネツィア総督宮のパラペットのスケッチで終わっている。その十八日後の十二月二十二日のスケッチが『工学博士辰野金吾伝』第十七図の「パラッツォ・メディチ・リッカルディ」なので、不明の「建築物写生帳」二冊の内の一冊には同図が含まれているはずである。

残りのもう一冊は恐らくこれに続くものだろう。辰野はフィレンツェ滞在後南下し、明治十六年（一八八三）二月五日以降三月上旬までの間にローマで松岡壽とたびたび会っていたことが松岡の日記から確認できる。二ヶ月程の長期間に及ぶローマ滞在を物語る写生帳が在ったのではないかと考えられる。

四冊の『滞欧野帳』に戻ろう。これらはすべて鉛筆もしくはペンで記されている。ほとんどすべて英語で書かれているが、固有名詞は現地語のフランス語やイタリア語の場合もある。僅かだが日本語も使われている。スケッチはほとんどが鉛筆で描かれているが、絵の具で彩色されたものもある。

『滞欧野帳』の特徴

第一巻から第四巻まで共通して言えることだが、『滞欧野帳』は最初の一枚目から日付順に使われていない。辰野が旅を進めて行く中で、気がついたことやスケッチしたいと思ったものに出会うと、すぐさま『滞欧野帳』を取り出し偶然開いた頁に書いているような印象があり、その時々の辰野の意気込みが伝わってくる。

また『滞欧野帳』には建築の全体像をスケッチしたものは一枚もない。建築の屋根や窓、軒下の装飾帯、柱頭の装飾など、すべて建築全体の内のごく一部である。つまり、このことは辰野が西洋建築において建築装飾を意識的に見ていたことを物語っているのである。

以上のように、『滞欧野帳』の内容は多岐にわたる豊富なものである。断片的にしか知られていなかったイギリス留学中の行動が、第一巻からは生き生きと伝わってくる。そして残り三巻からフランス、イタリアの旅程の詳細が判明してくると、この旅の意味が全く違ったものに見えてくる。それは、辰野の建築観の土台を形成することになる「グランド・ツアー」だったと言えるように思われる。以降、イギリス留学時代の辰野、グランド・ツアー中の辰野を詳細に見ていこう。

2　イギリス留学

首席卒業生の官費留学制度

まずは、工部大学校の各学科首席卒業者が官費でイギリスに留学する制度の目的を確認しておこう。そもそもこの制度は開校時から設けられていたものではなく、第一期生が卒業を迎えようとする明治十二年七月二十九日に工部卿が太政大臣に伺い、認められたものであった（『舊工部大學校史料』）。その上申書を見ると、工部大学校の教師を育成することを目的に、「凡三箇年間」の留学を命じることが記されている。イギリス人のお雇い外国人教師を徐々に日本人に入れ替えて、日本人による自立した工学教育を実施する組織とするために、首席卒業生をイギリスに派遣することが意図されたわけである。これは工部大学校に限らず、工部省全体あるいは明治政府全体の方針でもあった。したがって、留学生にとって、イギリスで本場の工学諸分野を学ぶのはもちろんのこと、工学の教育方法を学ぶことが課されることとなり、各留学生は工学の実務を学ぶとともに、大学に通って教育方法も学んでいった。

この官費留学制度は、当初は次年度以降も継続する予定でいたようだが、第一期生の留学だけで途絶えることとなった。つまり、辰野をはじめとする第一期の首席卒業者らは、この特別な機会を得ることで、将来の工学諸分野の指導者となることを約束されたのであった。辰野はこの栄誉に浴し、明治十三年二月、日本を発ち、イギリスに留学した。辰野とともにイギリスに渡った留学生は、七科に加えて造船学、紡織学、灯台学、地質学から各一名が選ばれ、合計十一名であった。南清《みなみきよし》（土木学）、高山直質《たかやまなおもと》（機械学）、三好晋六郎《みよししんろくろう》（造船学）、荒川新一郎《あらかわしんいちろう》（紡織学）、志田林三郎（電信学）、辰野金吾（造家学）、近藤貴蔵《こんどうきぞう》（鉱山学）、石橋絢彦《いしばしあやひこ》（灯台学）、高峰譲吉《たかみねじょうきち》（化学）、小花冬吉（冶金学）、栗本廉（地質学）である。いずれも、帰国後に各分野を牽引する活動を展開していく。

ヴィクトリア朝中後期のイギリス建築界

辰野が留学した時期のイギリスは、一八三七年から一九〇一年に及ぶヴィクトリア女王治世の最盛期であった。ヴィクトリア朝と呼ばれるこの時期のイギリスは、産業革命を経た後の産業と社会の成熟、中産階級の台頭、交通の発達による都市ネットワークの拡充と、国全体が隆盛を謳歌する空気に溢れていた。ロンドンをはじめとする諸都市には、社会の成熟を反映した都市建築や、駅舎や大規模な市場、事務所建築といった新しい機能に対応した建築群が次々と建てられていった。

ヴィクトリア朝期の建築は、大きくは歴史主義の時代の中にあった。建築における歴史主義とは、古典主義やゴシックといった歴史的な建築様式を横並びにとらえ、外套を替えるようにそれらを選択し、あるいは折衷して建築のデザインに適用していくものである。

この時代には、職能としての建築家という存在が一般に認識されるようになり、職業建築家が隆盛を迎えることとなった。イギリスの建築家たちの多くは個人事務所を構えて設計を生業としていく。大規模な事務所を構えたジョージ・ギルバート・スコットを代表に、ジョージ・エドマンド・ストリート、ウィリアム・バターフィールド、ウィリアム・バージェス、アルフレッド・ウォーターハウスといった著名建築家が次々と輩出され、ヴィクトリアン・ゴシックの時代を牽引した。

一八五〇年代頃からのヴィクトリア朝中期の建築は、ゴシック・リヴァイヴァルの時代であった。キリスト教の時代としての中世という認識から、中世のゴシック建築に誠実さが宿ると考えられ、ゴシック建築の復興が宗教的熱狂とともに求められていった。復興の対象となるゴシック建築は、イギリス中世のゴシックに始まり、イタリアやスペイン、あるいはフランスの初期ゴシックへと拡大していった。

一八八〇年代頃からのヴィクトリア朝後期には、古典主義から派生して諸様式を折衷するクイーン・アン様式や、イギリスの素朴な土着様式を復興したヴァナキュラー・リヴァイヴァルといった、歴史主義の新しい展開が生まれてくる。ジョン・ジェームス・スティーブンソン、リチャード・ノーマン・ショー、ウィリアム・エデン・ネスフィールドといった建築家たちが新しい建築表現を推し進めていった。そして十九世紀末期に至り、ウィリアム・モリスの活動に代表されるアーツ・アンド・クラフツ運動が勃興し、近代主義建築への胎動が始まっていく。

一方、一八五一年のロンドン万博に登場したクリスタルパレスを皮切りに、新しい素材としての鉄が建築に用いられるようになったのもこの時代であった。鉄は、構造体に用いられるようにはなってきたものの、外観のデザインには適用が及ばず、歴史主義様式の表現が続いていく。

辰野がイギリスに渡った時代は、ヴィクトリア朝の中期から後期へと移り変わる時期に当たっている。イギリス建築が近代という時代に大きく漕ぎ出そうと変化を始めた時期の息吹を、辰野は全身で感じることになる。

ロンドンでの足跡

辰野は明治十三年（一八八〇）三月にロンドンに到着し、そこから丸二年をイギリスで過ごした。イギリスでは、大学等での修学と、施工会社及び建築設計事務所での実務経験とを並行して積んでいった。

この間の辰野の足跡は、巻末の略年譜の通りである。ロンドンに到着した辰野は、まずロンドン大学教授でコンドルの従叔父にあたるトーマス・ロジャー・スミス（Thomas Roger Smith, 一八三〇―一九〇三）の紹介により、キュービット建築会社で五ヶ月間の実地研修を行った。キュービット建築会社は、土木技術者兼建築家のルイス・キュービットが主催する著名建設会社で、橋梁の建設に多数の実績があった。キュービット設計の建築としては、ロンドンのキングス・クロス駅がある。辰野はこの会社で建築施工の実地研修をしたようで、この間に学んだことの一部が『工学叢誌』で紹介されている（辰野金吾「蒸材辨及ヒ英国建築ノ概況」）。

同年九月二十七日からは、マセソン商会の推薦により、ヴィクトリア朝期を代表する著名建築家ウィリアム・バージェス事務所の実地見習生（アップレンチス）となり、建築設計事務所での実務を積んだ。バージェス事務所は、来日前のコンドルが実地研修を行ったところでもあり、コンドルからの紹介もあったものと思われる。当時のイギリスにおける実地見習生は、雇い人とは異なり、将来社員となる予定で契約を結ぶ見習人を指した。辰野はここで充実した日々を過ごしたようだが、不幸にも七ヶ月後の十四年（一八八一）四月二十日にバージェスは世を去った。

バージェス事務所に入った直後の明治十三年（一八八〇）十月より、ロンドン大学ユニバーシティ・カレッジ・ロンドン及びロイヤル・アカデミー・オブ・アーツでの建築及び美術の修学を開始している。ロンドン大学ではロジャー・スミス教授の講義を受けている。ここでの修学内容については、『滞欧野帳』第一巻に四月五日付の講義メモが含まれる程度で、全容はわからない。ただ、あくまでも留学の主目的に据えられていたように、建築教育の方法を学ぶのが修学の目的であったはずである。これは第四章に述べるように、帰国後に工部大学校や帝国大学で辰野が課した試験問題が、ロンドン大学におけるロジャー・スミスの出題と酷似していることからうかがえる。

イギリス留学時代に辰野が住んだ場所については、鈴木博之博士による王立英国建築家協会（RIBA）蔵バージェス史料の調査で明らかになっている（鈴木博之『ヴィクトリアン・ゴシックの崩壊』）。バージェスが残した住所録には、辰野の居住地が三度書き換えられている。バージェスとの面識を得てからその死去までの間が七ヶ月間であったことを考えると、三度の転居は随分頻繁に思われる。居住地は徐々に良好な住宅地へと移り、最終の居住地はリージェント・パークに隣接する住宅地チャルコット・クレセントで、半円形に通された街路に面したテラスハウスであった（図3－2）。

明治十五年三月にユニバーシティ・カレッジ・ロンドン、ロイヤル・アカデミー・オブ・アーツでの修学を終え、同年にフランスへと旅立っている。

バージェスへの敬慕

イギリス留学時代において辰野が最も強い影響を受けたのが、バージェス事務所での経験であった（図3－3）。『工学博士辰野金吾伝』には、留学時代の事績中、バージェス事務所での活動が最も詳しく記載されている。バージェスからの指導は次のように紹介されている。

「偖其事務所に入ればバルジス氏自ら指導の任に当られ自分の設計したる建築物並に諸方の建築物

図3－2　ロンドンにおける辰野の4番目の居住地チャルコット・クレセント

図3－3　中世風のコスチュームを着たウィリアム・バージェス（*Castell Coch*）

を見学すべき便宜を与へ、学会の講演会に同行し或は聴講券を与へ、事務所に在る時は自己の蘊蓄を披瀝して呉れる故に学校と異なる教育を受け、早く事務所の扱方を知悉する便宜あり。」

また、『滞欧野帳』第一巻でも、バージェス事務所における活動やバージェス設計の建築物への言及が多々見られる。この野帳の使用期間は、バージェスの実地見習生時代の後半に当たる。野帳使用期間中に不幸にもバージェスが死去しており、辰野にとっても印象深い日々であっただろう。『滞欧野帳』第一巻の記載内容のうち多くを占めるのが、バージェス設計の建築物についてのメモである（図3-4）。ハーロウ校講堂（口絵四頁上段）、カーディフ城、ウォルサム教会、ボンベイ美術学校のメモが確認できる。ハーロウ校講堂は現地を訪れて記しているが、他は事務所の図面より書き写したもののようである。これらのスケッチは、四月のバージェス死去直後に頻度を増して描かれており、師への追善の意をもって書写したものかもしれない。『滞欧野帳』第一巻には、辰野のバージェスに対する敬慕の念があちこちに見られるのである。

辰野が師事したバージェスは、ヴィクトリア朝期を代表する著名建築家である。ウェールズの中心都市カーディフに残るバージェスの代表作カーディフ城とカステル・コッホは、いずれもヴィクトリア朝期の建築を代表する驚異の大作で、バージェスの徹底した中世志向を典型的に示す作品である。種々の形式の塔が林立する外観、具象的な図像の彫刻、絵画、ステンドグラスで壁面を埋め尽くした内装など、絵の中の世界観を三次元に展開したかのようなピクチャレスクの美学がこれほどまでに徹底して貫かれた建築は他に例がない。

辰野が建築観を形成するにあたり最も影響を受けた人物として、これまではジョサイア・コンドルの名前が挙げられてきた。しかし、辰野のその後の思想、行動、作品を見ると、コンドルよりもむしろバージェスからの直接的影響の方が色濃く感じられる。実はコンドルも来日以前にバージェス事務所に所属し、その薫陶を受けた人物であったので、バージェスとコンドルからの教えには大きな隔たりがないように思われるかもしれないが、先述のように辰野のコンドルへの言及は意外なほど少ない。

帰国後の辰野は、バージェスからの教えについて折に触れて語っている。一つは、現寸図へのこだ

図3－4　バージェス設計建物のドーマー窓スケッチ（『辰野金吾滞欧野帳』第1巻74葉オモテ）

わりである。設計にあたって現寸図を描かなければ建築は模型と変わらないのだと、バージェスから仕込まれたという（伊藤ていじ『谷間の花が見えなかった時』）。細部を愛したバージェスらしい教えである。実際、東京駅の設計に際しては四百枚もの現寸板図を、辰野自ら手を動かして描いている。

もう一つ、日本建築への着眼を挙げねばならない。工部大学校での造家学教育は西洋建築を対象とするものであったのだが、教授となった辰野は、帝国大学工科大学に改組後の明治二十二年に「日本建築学」の講義を新設し、日本建築を学びかつ研究する道を開いた。実は、この着眼もバージェスの示唆によるものであった。ロンドン留学中のある日、バージェスは辰野に、「日本は古い文化を有する国である、定めて古へより独特の建築が発達したであろう、抑々日本固有の建築は如何なる性質のものか」、「日本にも若干の古建築は遺つて居るであろう、それは如何なるものか」と問いかけたことがあった。日本建築に関する情報を持たず、興味すら抱いていなかった辰野が答えに窮していると、バージェスは、「君が欧羅巴の建築を学ぶも左る事ながら、その前に母国の建築を知らねばならぬ」と諭したという（伊東忠太「法隆寺研究の動機」）。

他にも辰野の建築への信念の中には、バージェスからの影響と思われることが多々ある。民間の個人建築事務所を経営することへの意欲、建築は美術と一体として存在すべきとする〈美術建築〉観、後の「辰野式」建築に見られる塔が林立する華やかなピクチャレスクの建築表現。辰野の建築に関わる思想のほぼすべてにバージェスの影が見えるほどである。こうしてみると、辰野はバージェスの全人格から影響を受けたといえるのかもしれない。つまり、辰野の師というべき建築家は、コンドルよ

図3－5　帝国大学工科大学本館
（明治21年／『明治大正建築写真聚覧』）

りもバージェスだったと思われるのである。

バージェスへのオマージュ

辰野のバージェスへの思慕を念頭に置くと、いくつかの辰野の作品の中にバージェスを意識したと思われる形が見えてくる。

初期の佳作である帝国大学工科大学本館（明治二十一年）は、辰野には珍しいゴシック様式（図3－5）であるが、この様式選択自体は、大学内に建てられていたコンドル設計のゴシック様式の校舎との調和を意識したものであろう。しかしその形はコンドルのデザインとは違いがあり、正面入口に円形平面の双塔が設けられ、さらにゴシック様式ながらも窓は方形になっている点に特徴がある。これらの部分は、バージェス自邸であるタワーハウスに通じるものがある（図3－6）。初期辰野の記念碑的な作品の一つであることからすれば、辰野はこの建物を師バージェスへのオマージュとして設計したのかもしれない。

後期辰野第一作の東京火災保険会社（明治三十八年）にも、同じくタワーハウスを思わせる円形の塔が目立つ位置に設けられる。後に「辰野式」と呼ばれる後期の作風を形成していくにあたっても、まずバージェスを意識したところから始めた、と解釈できるかもしれない。

最新の建築情報の摂取

さて、バージェスの指導以外に、辰野はイギリスでどのようなことを学んだのだろうか。十九世紀段階での欧州留学というと、当時の歴史主義の建築思潮からすれば歴史的モニュメントばかりを見ていたようにも思われるが、辰野は当時最新の建築も積極的に見て歩いていた。

『滞欧野帳』第一巻では、バージェス設計以外の建築物のメモも多数残されている。ロンドンのものにスタンダード生命保険事務所、ナショナル・ギャラリー増築部、セント・ジョンズ・ウッド美術学校（一八七八年開校）、ライシーアム劇場、エクセター・ホール、中央青果市場（ホーレス・ジョーンズ設計、一八八三年竣工、図3－7）、セメントスラブシステムを開発したことで知られるW・H・ラッセルスの作品、が記載されている。他地域のものにはカンタベリー大聖堂、ウィンザー城、リポン・グラマースクール等が見られる。歴史的モニュメントを見ているのはもちろんのこと、最新の建築に

図3－6　タワーハウス（バージェス自邸）
（バージェス設計，ロンドン，1878年）

も多く足を運んでいることがうかがえる。

これらの建物に関する記述のうち、ロンドンのいくつかの建物には、“A. A.”として訪問との記述が見られる。これは、英国建築協会(Architectural Association)を略記したもので、その見学会の一員として訪れたもののようである。『工学博士辰野金吾伝』に記されているように、バージェスの紹介を受けて見学会に参加したものであろう。見学建物はいずれも当時の一線で活躍していた建築家のもので、特に鉄・コンクリートといった最新材料を用いたもの、あるいは大規模な市場のように新しい機能を有するものであった。建築物を訪れながら、辰野はロンドンの建築家たちによる建築の見方

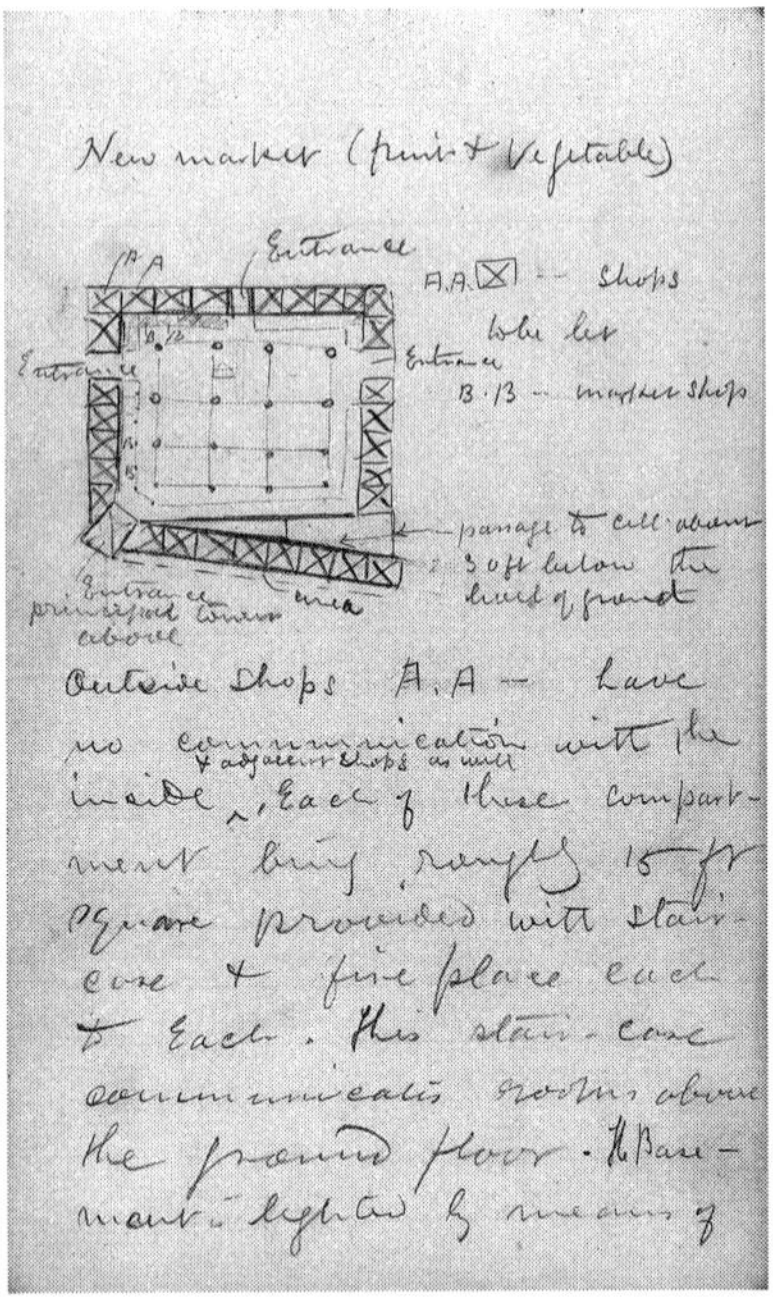

図3－7　中央青果市場スケッチ
(『辰野金吾滞欧野帳』第1巻90葉オモテ)

にも触れたことだろう。

これらの建築物のメモから、辰野が関心を注いだ箇所が見えてくる。スケッチからうかがえる傾向は、①細部意匠、特にバージェス設計建築物の塔、ドーマー窓、開口部、暖炉、椅子の細部形状、②採光への注目、とりわけナショナル・ギャラリー及びセント・ジョンズ・ウッド美術学校の天窓、③構造及び材料への注視、の三点にまとめられる。スケッチに添えられたメモ書きは、特に構造、材料、施工に関するものが多く、辰野が意匠だけでなく、実際に建てることを想定して見学していたことがうかがえる。つまり、辰野はロンドンの建築を単に様式として見ていたのではなく、新しい機能、新しい構造、材料、施工といった観点から、最新情報として貪欲に吸収しようとしていた。ロンドンの建築の最先端に触れる日常だったのである。

辰野が見たイギリス建築界

その視線は、建てられた建築物だけでなく、イギリスの建築界にも向けられた。『滞欧野帳』第一巻には、日本の造家学会への報告草案であろうか、イギリス建築界に対する辰野の率直な意見を記した文章「英国倫敦府造家学者ノ内マク及びビルドルノ弊」（第39、40葉、明治十四年四月頃）が掲載されている。イギリス建築界を批判的な目で見たもので、建築家、技術者、施工業者を対比し、建築家は美を求めるのみで力学に暗く、技術面を技術者任せにしているなど、三者が嚙み合っていないことを指摘している。工学的側面から建築を学び始めた辰野らしい指摘といえる。

また、クイーン・アン様式が勃興し、流行しつつある様子を述べている。ヴィクトリア朝後期に流行を迎えるこの新しい建築の潮流を、辰野は後に自らのものとして「辰野式」の作風を確立していくのだが、これは辰野がクイーン・アン様式に言及した最初のものである。ただしこの時点では、あまり価値のない様式で、建築家たちが流行に流されてこの様式に手を出している、と批判的に見ている。

この記事に続く時期に、辰野はイギリス建築界の概況を「蒸材辨及ヒ英国建築ノ概況」にまとめている。これは明治十四年六月以降に辰野が曽禰に送った書簡を、十五年三月に『工学叢誌』に掲載したものである。ここでは、当時の新築建築物を様式・類型によってゴシック派、ルネサンス派、クイーン・アン派の三派に分類して論じている。特に第三のクイーン・アン派が一般住宅に多用されている様子に詳しく触れ、その指導的建築家としてノーマン・ショーの名を挙げる。この様式が流行しているのは、煉瓦やテラコッタを用いるため安価であり、かつ浅学の者でも活用しやすいことが理由で、本格的な建築家はこの様式を批判的に見ている。しかし、この様式には日本の気候に適合する面があり、それほど卑しむべきものと思わない、としている。先の文章とは異なり、クイーン・アンを前向きにとらえている様子がうかがえる。また、辰野はこの後、ノーマン・ショーの作風を参照していくのだが、辰野がこの建築家に言及したのはこの記事が初めてであった。

両稿に一貫するのは、建築家・技術者・施工業者を一体として評価しようとする視点である。辰野はイギリスにおける建築家像を見習いつつも、設計の問題だけではなく、いかに建築を建てていくかという視野に立ち、建築家、技術者、施工業者の役割分担がはっきりし過ぎているイギリス建築界に批判的な視線を投げかけていたのであった。

また、新しく勃興してきた様式であるクイーン・アンに、辰野は少しずつ惹かれていった。なぜ辰野はクイーン・アンに興味を覚えたのか。それについては、第六章で辰野の建築作品を論ずる中で考えていく。

3 グランド・ツアー

フランス、イタリアへの旅の契機

イギリス留学の開始から二年後の明治十五年（一八八二）三月、辰野はロンドンでの修学を終えた。工部大学校第一期首席卒業者に対して運用された官費留学制度では「凡三箇年間」の修学が定められており、多くの卒業生は三年間をイギリスで過ごしたが、辰野は最後の一年間をフランスとイタリアで過ごした。フランス・イタリアへの旅は「巡回遊学」と言われてきたのだが、あくまでも官費留学の範囲で実施されたものであり、決して物見遊山の旅ではなかった。実際に建築を見ることにより残る一年間の修学を続けたのであり、辰野の建築観を醸成することになった意義深い旅であった。

留学の出発時点で、一年間に及ぶフランス・イタリアの建築見学旅行の計画を立てていたのかどうか判断はつかない。恐らくロンドンでの修学中に決意したのではないだろうか。建築を理解するには、やはり実際に見て体感することが重要であると、辰野も理解が進むほどに痛感しただろう。加えて、ロンドン時代の恩師であるバージェスからの影響もあっただろう。バージェスは次のような信念を持っていた。

「全ての建築家、とりわけ美術建築家は旅をすべきである。各々の時代において、さまざまな人々が、どれだけ多種多様な美術上の問題を解決してきたのかを理解することが、美術建築家には絶対的に必要であるから。」

（William Burges, "On Things in General"）

バージェスの旅に対する信念は自身の経験に因っている。イギリス国内のみならず、何度もドーヴァー海峡を渡ってフランスに赴き各地の建築を歴訪した。バージェスは、机上の学問だけでなく、足を使って建築を見て学ぶという旅の醍醐味こそが〈美術建築家〉に必要なことであると、経験を踏まえて語ったのである。

バージェスのこうした信念は、辰野を大いに刺激しただろう。そしてロンドンでの修学開始から七ヶ月後の一八八一年四月二十日にバージェスが亡くなったことも、辰野を旅に誘う契機になったのではないだろうか。

グランド・ツアーとは

旅をすることによって教養を積むという考えは、イギリスにおいてはグランド・ツアーの伝統に由来する。グランド・ツアーとは、十七世紀末に始まり、十八世紀以降にはイギリスの良家の子弟の教育を目的として行われた、数ヶ月から数年間にも及ぶヨーロッパ大陸への大旅行のことである。主要な都市の名所旧跡の訪問を重ね、古典的な教養の習得を目的とするグランド・ツアーの最終的な行き先は、古代ローマの遺跡が残り、それを再生させたルネサンス文化が花開いたイタリアで、その究極の目的地は永遠の都ローマであった。

グランド・ツアーはイギリス人だけのものではなかった。旅を可能とする経済的な基盤があり、ローマ在住者ではない人々、イタリア半島に住む人々も、古典的な教養を身につけるべくローマに向かったのである。バージェスのヨーロッパ歴訪の旅もグランド・ツアーに他ならない。

バージェスのグランド・ツアー

バージェスはマシュー・ディグビー・ワイアットの建築事務所員となって建築家として活動し始めた一八四九年の二十二歳の頃から、五十三歳で亡くなる二年前の一八七九年までに何度もドーヴァー海峡を渡ってフランスに赴いた。中世主義者バージェスのフランスにおける最大の関心は、中世のゴシック様式の聖堂建築であった。名高い中世のゴシック聖堂があるルーアン、アミアンへは四回、シャロン、トゥール、シャルトルへは二回、そしてボーヴェへは十一回も訪問している。

その一方、一八五三年には、古代ローマの遺跡が多数残るアヴィニョン、アルル、ニームなどの南仏も訪れ、次いでジェノヴァからローマへ到着した。ローマ滞在は精神に訴えかけてくるものが何もなかった、とバージェスは吐露している。けれども、この旅の足跡から、彼が偏狭な中世主義者ではなく、古代ローマ文化やルネサンス文化の遺産も実見した上で自らの進む道を選び取ったことがわかる。

辰野が訪問したフランスの都市のほとんどは、師匠バージェスが訪問した都市であった。辰野による一年間の旅は日本人建築家最初のグランド・ツアーであり、辰野の建築思想を形成する上で、根幹をなす体験となるのである。

辰野のグランド・ツアーの開始時期

辰野は明治十五年（一八八二）三月に「英国を発ち、フランス及びイタリアを巡回遊学」したと伝えられてきたけれども、その詳細は不明だった。しかし、辰野が留学時代に入手した書籍に書き込んだ入手（購入）に関する記録によって、いつまでイギリスに居たのか、言いかえれば、いつグランド・ツアーを開始したのかを推定することができる。

日本建築学会図書館には、辰野が所蔵していた書籍が「辰野文庫」として保管されている。明治十三年（一八八〇）から十六年（一八八三）までの留学期間中に辰野が入手した書籍も含まれている。留学最終年の明治十六年までにロンドンで出版された書物は十冊あり、扉右上には辰野自身が書き込んだ英語表記も確認できる（巻末表3参照）。

バージェスが鬼籍に入った二ヶ月後の明治十四年（一八八一）六月二十三日開封の遺書に従い、辰野はバージェスより遺贈金五十ポンドを受け、その記念に建築書を購入したという。一八八一年七月四日に入手した五冊はこれに当たるものだろう。

明治十五年三月に購入したファーガソンの *History of the modern styles of architecture*（『近世建築様式史』）は、イタリア、スペイン及びポルトガル、フランス、イギリス、ドイツの五部構成で、各国の重要建築の外観及び内部を示す図版が多数掲載されており、当時の建築学徒にとっては基本書の内の一冊であった。フランスの章に詳述されているヴェルサイユ宮殿の二三二頁の平面図の横には、びっしりと鉛筆による英語の書き込みがある。辰野が記したのだろう。実際、辰野は数日にわたってヴェルサイユ宮殿を見学しており、『滞欧野帳』第三巻にそのスケッチや文章がある。

明治十五年五月一日には、一八六五年に出版されたバージェスの *Art applied to Industry*（『産業に応用された芸術』）を入手している。出版から十七年も経過した書であり、偶然立ち寄った書店で見つけて購入したのではないか、ということを想像させる。

明治十五年五月二日に入手した一冊もロンドンで刊行された書籍であることから、この時期には辰野はまだロンドンに、少なくともイギリスにいた可能性が高い。この直後に、ドーヴァー海峡を渡ってグランド・ツアーを開始し、間もなくパリに到着したのだろう。というのも、「建築物写生帳五冊」の一冊目に当たる『滞欧野帳』第二巻は、明治十五年五月九日付のルーヴル美術館の柱の下部のスケッチから開始されているからである。

旅の目的

恩師バージェスの存在が辰野をグランド・ツアーに旅立たせる刺激になったことは確かだろう。しかし、その旅の目的は、辰野自身が立てたものに他ならない。工部大学校での卒業論文にまで遡ることで、それが見えてくるように思われる。

第二章で論じたように、辰野ら四人の第一期生は、コンドルが課した“Thesis on the future domestic architecture in Japan（日本の将来の住宅建築についての論文）”をテーマに卒業論文を執筆した。卒業論文評の中で、コンドルは日本の将来の建築様式についての提案に注目した評価を下している。イタリア建築を将来の参考にすべき、とした曽禰の論文については、「日本の将来の様式についての提言を導くための実際的な問題も、また芸術的な問題も、よく考えられており、みごとな結論に到達しているところもある」と高く評価した。一方、辰野の論文については、「論者は、将来の装飾あるいは様式という点をよく考えているが、これといった結論あるいは提言に至っていない」と、幾分批判的な感想を述べている。

辰野は総合評価の結果、造家学科首席となった。将来の日本の建築界を担うという役割が期待されていることを十分に理解したであろう。それだけに一層、卒業論文においてできなかった、日本の将来の建築における「装飾あるいは様式」についての具体的な「結論あるいは提言」の必要性を痛感し、自らの課題として自覚したはずである。

辰野のグランド・ツアーは、この課題に対する回答を模索することが一つの目的であったと考えられる。そして後述するように、恩師バージェスから学んだ〈美術建築〉を実体験することも、もう一つの目的となった。

グランド・ツアーの行程

『滞欧野帳』は日付順に記載されていない。そこで、巻ごとに、日付と地名が記載されている頁を取り出して日付順に並べ、各巻の概要をまとめた（表2-①②③「『辰野金吾滞欧野帳』第二、第三、第四巻の概要」参照。なお、筆者らの調査によって建築の名称が判明したものについてはその名称を記した）。日付と都市名を追って行くと、フランスからイタリアへの旅の行程の詳細が明確に見えてくる（図3-8）。

フランスではパリに長期間滞在している一方、パリ以外では短期滞在を重ねながら、精力的に建築

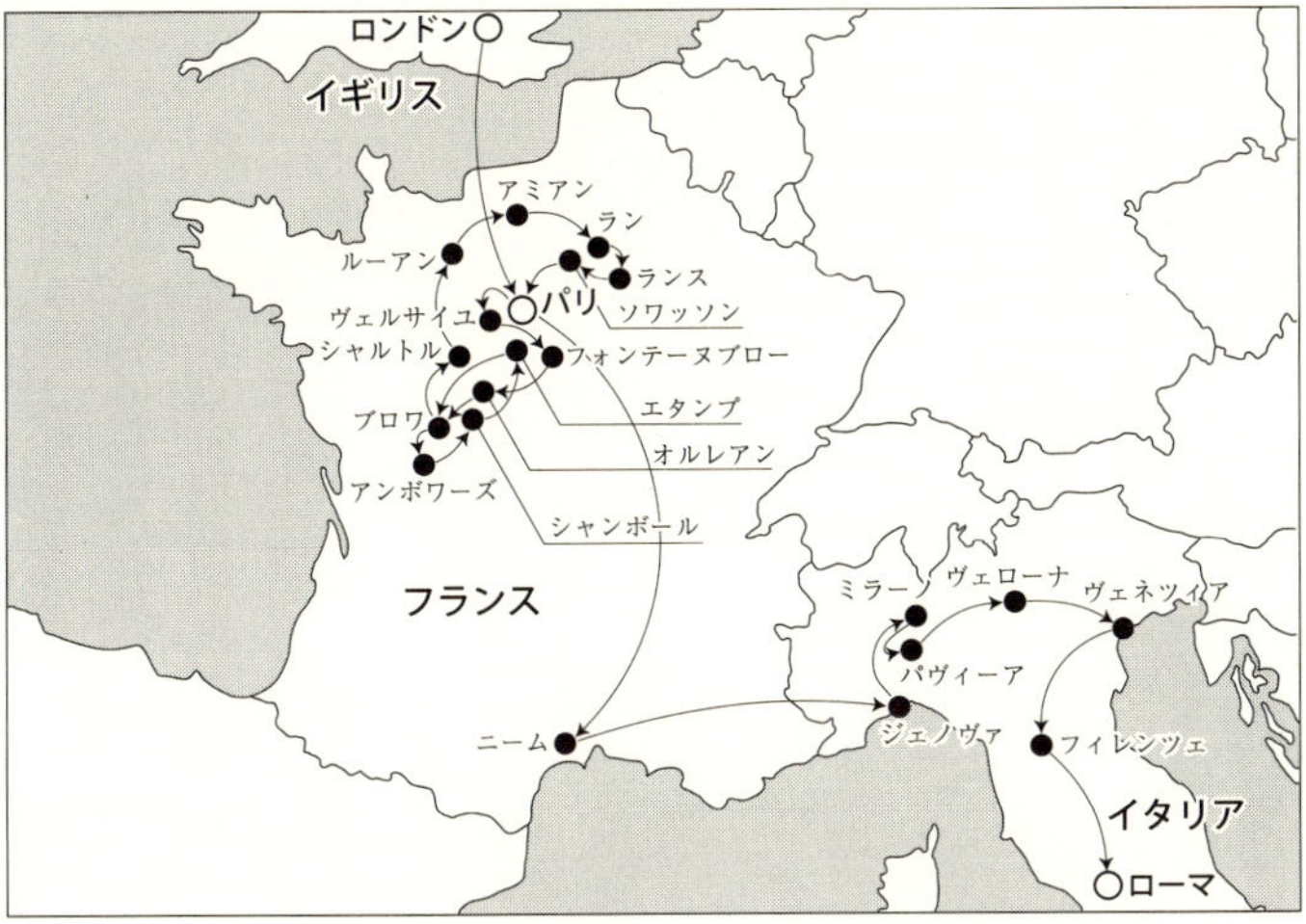

図3－8　辰野金吾のグランド・ツアー行程図

を見る旅を続けていることがわかる。

イタリアの行程は『滞欧野帳』からは、ヴェネツィアの総督宮のスケッチをした明治十五年（一八八二）十二月四日までしか辿れない。しかし、ヴェネツィアには彫刻を学ぶ長沼守敬がおり、彼の下宿に居候をしたりしながら十二月二十日頃まで同地に滞在し、その後、フィレンツェ、ピサ、シエナへと南下し、グランド・ツアーの最終地点であるローマに到着したことが知られている。ローマには日本公使館で働きながら絵画を学ぶ松岡壽が居り、長逗留している。フランスの旅に比べ、イタリアでは一つの都市に長期滞在したと言えるだろう。

フランスでの足跡

『滞欧野帳』第二巻から第四巻の途中までは、辰野のフランス滞在の軌跡である。

第二巻は一冊全てパリでの活動が記されている。

パリには二ヶ月間近く滞在し、ルーヴル美術館、クリュニー美術館、エコール・デ・ボザール（国立美術学校）に足繁く通っていたことがわかる。そして、それぞれの建築の細部をスケッチし、所見を記している。またエコール・デ・ボザールの図書館で閲覧した書籍によって得た情報を書き写し、感想を述べている。

第三巻以降、活発なフランスの旅が始まる。辰野はパリからヴェルサイユ、フォンテーヌブローを廻ってオルレアンへ行き、そこからロワール川沿いの古城で有名なブロワ、アンボワーズ、シャンボールを見学し、その後パリ西部のシャルトル、ルーアンを訪れている。一つの都市に数日から一週間程滞在し、宮殿、城、大聖堂、教会などの記念碑的な建築のみならず、市井の建築もつぶさに見学し、スケッチしている。ルーアンの滞在記は第四巻に続く。ルーアンからアミアン、ラン、ランス、ソワッソンと、ゴシック聖堂で有名なパリ北方の都市を巡回し、各都市の大聖堂を見学して、九月五日にはパリへ戻っている。フランスでの行程は、移動を続ける精力的な旅であった。

イギリス人によるグランド・ツアーは概してフランスから開始され、辰野の旅もこの点は同様である。しかし、辰野にとってのフランスはまずなによりバージェスが何度も訪れた国であり、恩師の足跡を訪ねる追善の意味もあっただろう。辰野が各地でスケッチした建築は、バージェスが関心をもった建築であるゴシック様式の大聖堂、あるいは古典様式による宮殿建築が多数を占める。しかし、辰野個人が興味を抱いた建築類型もある。ハーフティンバーの都市建築である。建築類型ごとに順に見ていこう。

ゴシック聖堂への関心

第三巻と第四巻には代表的なゴシック聖堂のスケッチがある。シャルトルのノートル・ダム大聖堂のステンドグラス、ルーアンのノートル・ダム大聖堂の柱、アミアンのノートル・ダム大聖堂の鉄製装飾、ランスのサン・ジャック教会の壁龕《へきがん》などである。中世ゴシック様式への関心は教養の範疇とも言えるが、やはりバージェスからの影響を見てとれるだろう。

第四巻の3葉オモテは、アミアンのノートル・ダム大聖堂の中央扉右側彫刻群の内の聖人一体と、その頭上の天蓋をスケッチしたものであり、4葉オモテはその隣の彫像の持送り台座のスケッチである。どちらも構造と一体化して刻まれた装飾部位である。辰野は構造と装飾が一体化しているこうした部分に〈美術建築〉を見たのだろう。

また、辰野は「微笑みの天使」と呼ばれるゴシック彫刻で有名なランスのノートル・ダム大聖堂を訪れている。北側正面の彫刻群像中のその天使のスケッチは残していないが、第四巻13葉オモテには十四の浅浮彫のキリスト伝のテーマがリスト化されており、キリスト教美術にも少なからず興味を抱いていた節がうかがえる。

『滞欧野帳』にはルーアン、アミアン、シャルトルなど、バージェスが訪問した聖堂のスケッチが多数ある。フランスのゴシック様式の聖堂に対する辰野の関心はバージェスによって種が蒔かれていたと言えるだろう。

古典様式による宮殿建築

第二巻及び第三巻にはパリや、ロワール川沿いの著名な古城が残るブロワ、アンボワーズ、シャンボールなどにおけるルネサンス期に建てられた古典様式による宮殿建築のさまざまな部分を描いたスケッチが多数ある。ルーヴル美術館の柱の下部、ヴェルサイユ宮殿の暖炉装飾、シャンボール城のドーマー窓や煙突のスケッチなどである。

第三巻34葉ウラに描かれたスケッチはシャンボール城のドーマー窓や欄干のスケッチで、細部まで正確に描いている。35葉ウラに描かれたスケッチはシャンボール城の屋根を賑やかに飾っている、菱形や円形の装飾が施された煙突である（図3－9）。辰野のスケッチは正確に装飾的な煙突を写し取っ

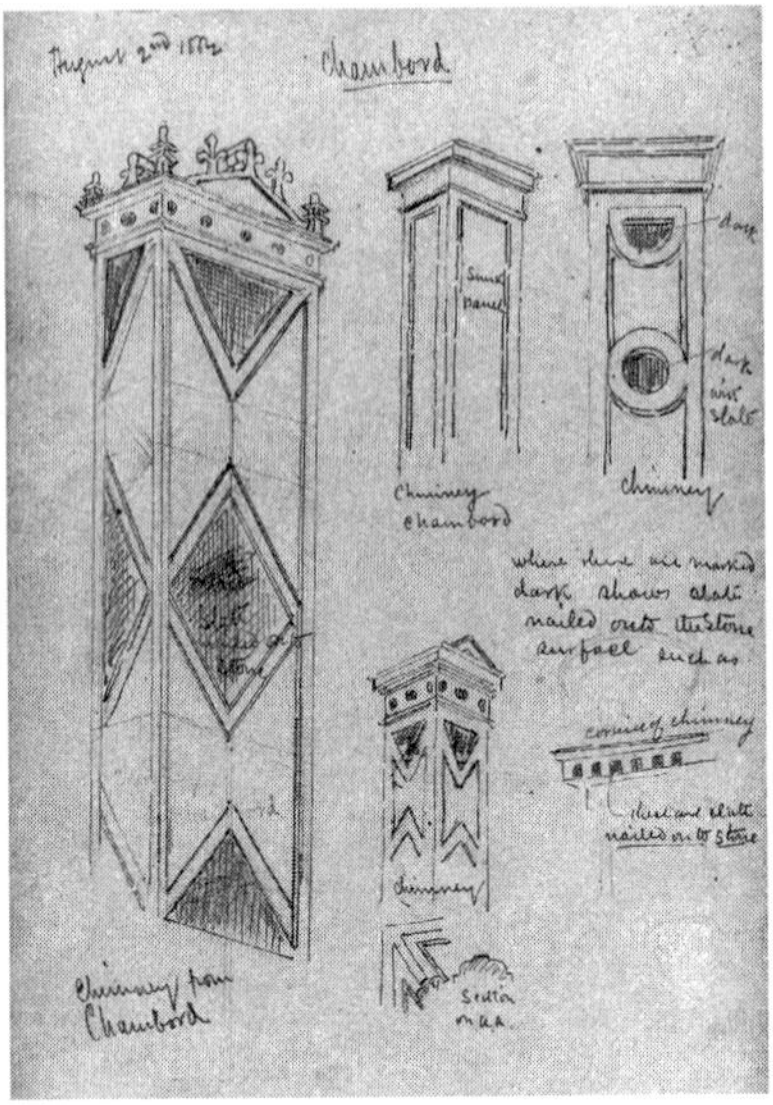

図3－9　シャンボール城煙突スケッチ
（『辰野金吾滞欧野帳』第3巻35葉ウラ）

ていて興味深い。

工部大学校時代の教師だったコンドルもバージェスの弟子であり、来日以前にフランスを旅している。明らかになっている旅程から、フランス古典主義建築にはあまり興味を引かれなかったと考えられる。同じバージェスの弟子であっても、新時代の国家の建築を担うべく、日本を代表して初めて渡欧した辰野は、コンドルとは対照的に一つの様式に固執することなく、柔軟な姿勢でさまざまな様式・用途の建築を見て回ったことがわかる。後に辰野が手がけていく建築は、ゴシック風の装飾があっても、全体の印象としては安定感のある古典様式の傾向を示すものが多い。

ハーフティンバーの都市建築

辰野は記念碑的な建築のみならず市井の都市建築、特にハーフティンバーの建築にも強い関心を抱いている。ハーフティンバーはヨーロッパ中世の伝統木造住宅の一形式で、柱や横架材、筋違《すじかい》といった構造体の木材を壁面に現したものである。この形式は十九世紀のクイーン・アン様式にも用いられることがあり、辰野の注目は一つにはクイーン・アン様式への関心によるものだったのだろう。

『工学博士辰野金吾伝』の挿図にも、第十四図及び第十五図として二枚が紹介されている。両図ともブロワという都市名しか記されていないが、そこに描かれた建物には現存が確認できるものがある。第十四図の原画は、第三巻40葉ウラで、下部右側のスケッチはブロワ大聖堂近くのハーフティンバー建築の渡り廊下の方杖である（図3-10）。また、第十五図の原画は、第三巻31葉ウラのスケッチで、《軽業師の家（Maison des acrobates）》と呼ばれる15世紀のハーフティンバー建築（口絵四頁下段）の正

図3－10　ブロワのハーフティンバー建築細部スケッチ（『辰野金吾滞欧野帳』第3巻40葉ウラ）

面の柱持送りの起点を飾る、軽業師の木彫装飾である。いずれも装飾的な細部でありながら構造体の一部を担っている部分であり、辰野の関心が構造と装飾的細部が一体化した表現にあったことをうかがわせる。この点からすると、ハーフティンバーへの注目のもう一つの理由として、そこに〈美術建築〉の一例を見ることができたから、ということもあったのだと考えられよう。

以上から、辰野はフランスにおいて、バージェスの足跡を追いながらも、偏りなくさまざまな様式・用途の建築を実見していたことがわかる。

明治十五年（一八八二）十月九日、辰野はフランスからすでにイタリアのジェノヴァにいる。『滞欧野帳』記載の期日からすると、フランスにはちょうど五ヶ月間滞在したことになる。厳格な気質の辰野らしく、計画的に旅をしていたことがわかる。

イタリアでの足跡

イタリアはグランド・ツアーの最終目的地だが、イタリアへの関心は明治十三年に横浜を出港してイギリスへ向かった際の船上に遡るかもしれない。この船には、帰国する工部美術学校の絵画教師プロスペロ・フェッレッティと絹糸商のイタリア人が同船していた。彼らについて、辰野は「二人共船中生等之親友テアリシ」と記している（『工学博士辰野金吾伝』）。「親友」と呼ぶほど親しくなったフェッレッティらが辰野にイタリアへの興味を呼び起こした面もあるだろう。

『滞欧野帳』第四巻に記されたイタリア滞在記は、明治十五年十月九日から十二月四日までの二ヶ月間弱である。その後の辰野の旅程については、ヴェネツィアで彫刻を学んでいた長沼守敬へ宛てた辰野の葉書や、ローマの日本公使館で働きながらローマ王立美術専門学校で学んでいた松岡壽の日記から、滞在した都市名だけは明らかになっている。同年十二月二十日頃までヴェネツィアの長沼の下宿に居候した後、フィレンツェ（十二月二十二日及び、一八八三年一月十七日）、ピサ（一月二十一日）、シエナ（一月二十二日、二十九日）、ローマ（一月三十日、二月五日、三月一日、二日）に滞在している。

フィレンツェ以降の各都市で辰野が具体的に何を見ていたのかについては、今までのところほとんどわかっていない。しかしながら、フランスでの旅と同様にゴシック様式、古典様式の歴史的建築を見学していることは第四巻の二ヶ月間弱の滞在記からわかる。これに加えて、イギリス、フランス滞在時と同様に、イタリアでも建てられて間もない同時代建築を訪れている。以下、イタリアの旅を都市ごとに見ていきたい。

ジェノヴァ――最新の建築への関心

明治十五年（一八八二）十月十一日付で、「ジェノヴァのカンポ・サントについてのメモ」が記されている（図3－11）。「ジェノヴァのカンポ・サント」とはジェノヴァ市営のスタリエーノ記念墓地を指す。十九世紀初頭に建築家カルロ・バルビーノが策定した計画を、弟子のジョヴァンニ・バッティスタ・レザスコが受け継ぎ、一八四四年から建設が着手され一八五一年に一般に公開された、十九世紀の最新建築の一つである。都市郊外に建設されたこうした巨大な墓地は近代の新しい施設で、十八世紀の医学の発達と衛生思想の普及により、十九世紀までにヨーロッパ各地で建設された。

この墓地は中庭を囲う回廊の形式をとっており、外部側の壁面を柱間ごとに壁龕状にして主な墓所とするほか、床面も墓で埋め尽くされている。入口に相対する奥の回廊の中央に、小さな神殿建築が構えられる。今日に至るまで増改築が重ねられ、現在は三重の回廊になっているが、辰野が訪れた際には一重の回廊であった（図3－11）。野帳には回廊各面の柱間数を正確に記述して建築としての計画的側面に関心を示すほか、意匠面へも注目し、中央の小神殿を「ローマのパンテオンの写し」と評している。

壁龕の墓所には趣向を凝らした物語性の高い写実的な彫刻装飾が施されている。彫刻を担ったのはアウグスト・リヴァルタやジュリオ・モンテヴェルデら著名な彫刻家である。彫刻に関して辰野はコメントしていないが、もちろんその偉容に感銘を受けたことだろう。最新の建築としての計画的側面への関心もさることながら、辰野はここにも建築と美術が一体化した〈美術建築〉の好例を感じたことと思われる。

パヴィーア――建築装飾への興味

ジェノヴァからミラーノを経由して、同年十月十九日には北イタリアの小都市パヴィーアのカルトゥジオ会修道院聖堂を見学している。ルネサンス期に建造された色大理石による芸術性の高い聖堂正面は圧巻であるが、辰野はスケッチを残していない。聖堂

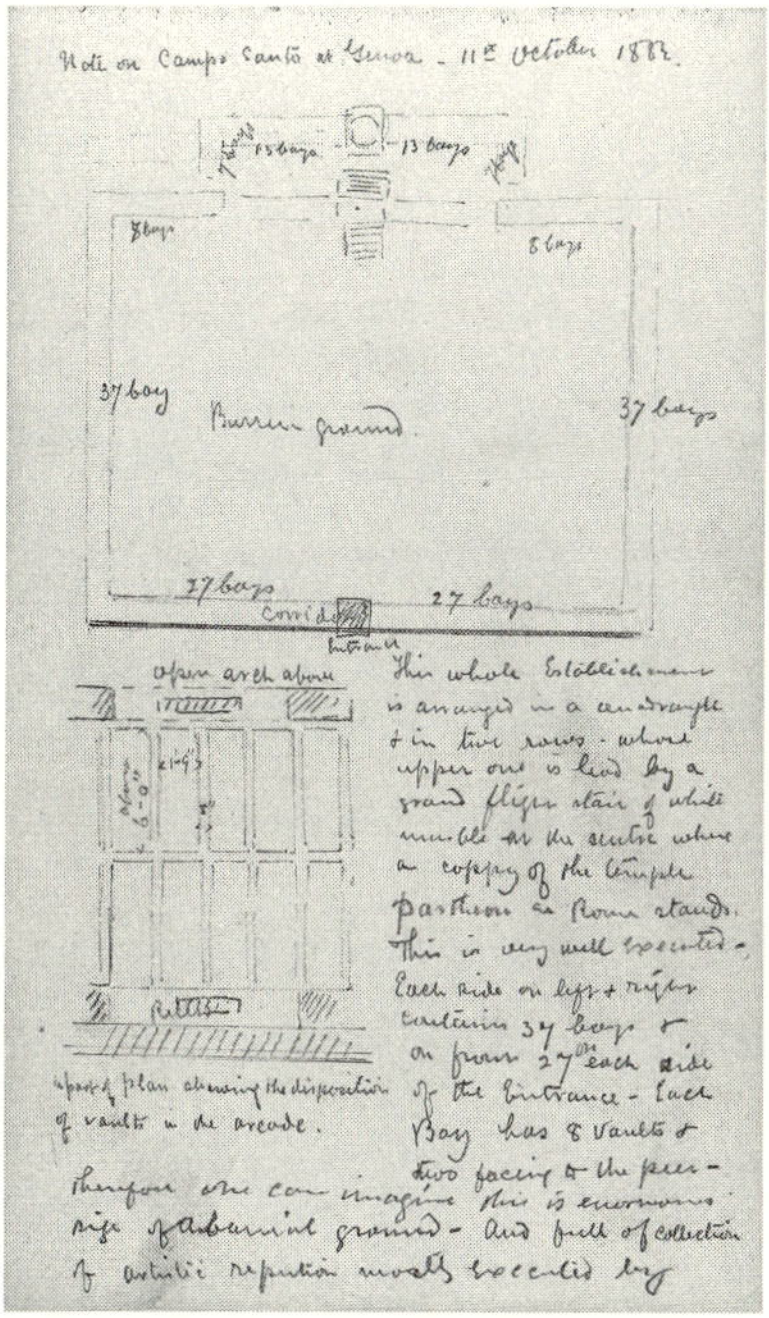

図3-11　スタリエーノ記念墓地スケッチ
(『辰野金吾滞欧野帳』第4巻25葉オモテ)

図3－12　カルトゥジオ会修道院小回廊アーチ上部装飾のスケッチ（『辰野金吾滞欧野帳』第４巻28葉オモテ）

右奥には小回廊が、その奥には僧房となっている大回廊がある。辰野はこちらに関心を抱き五葉を費やしてスケッチしている。30葉オモテは、大回廊を構成する僧房の小規模な尖塔を描いたもので、『工学博士辰野金吾伝』にも挿図第十六図として掲載された。この大回廊は切妻屋根尖塔付き僧房が二十四棟並ぶ特異な構成をもっており、辰野は平面配置に興味を示したメモをスケッチ余白に書き付けつつも、尖塔をクローズアップして描いており、やはり細部に強く関心を持っていたことがうかがえる。

28葉オモテは、小回廊アーチ上部の豊かな装飾を描いたものである（図3－12）。アーチ間に赤いテラコッタで制作された肖像彫刻を施した円形メダイヨンが並び、アーキトレーブの上にもやはり肖像彫刻を施した円形メダイヨンが並ぶ装飾帯を詳細に描いている。ルネサンス期イタリア建築の典型的な建築装飾を辰野が興味深く見ていたことが伝わってくる。

ヴェネツィア――長沼守敬との交流

その後、辰野はヴェローナに数日滞在し、十月三十日にはヴェネツィアに居る。

ここには長沼守敬が居た。一関田村藩士の子であった長沼はイタリアへの憧れから上京してイタリア語を学び、駐日イタリア特命全権公使だったアレッサンドロ・フェー・ドスティアーニの好意により同公使館で勤めつつ、渡伊の機会をうかがい、松岡が留学した翌年の明治十四年にイタリアにやってきた。ナポリに到着した後、しばらくローマの鍋島直大公使のもとに居候している。その時に松岡壽と知り合ったのだろう。その後、長沼は希望していた、現在のヴェネツィア大学の前身であるヴェネツィア商業高等学校の日本語講座の教師として働く一方、ヴェネツィア王立美術学院で彫刻を学び、帰国後は彫刻家として大成した。

辰野と長沼がどのように知り合ったのかはわからない。欧州に滞在する日本人が少なかったこの時代、日本の外務省や在外公館を介して当地における同胞の情報は伝わり、その多くは官費留学生や、官職を得ている人々で、互いに知り合いになることが容易だったのではないだろうか。現地の日本人は互いに助け合う必要もあっただろう。恐らく辰野と長沼もそのように知り合ったと考えられる。そして、長沼の下宿に居候をしたりしながら十二月二十日頃まで、二ヶ月間弱ヴェネツィアに滞在している。

フランスにおいて著名なゴシック様式の聖堂を見てまわった辰野が、引き続き中世ヴェネツィアのゴシック様式の建築に関心を寄せるのは自然な流れだろう。とりわけヴェネツィアでは、数日間に渡って総督宮の大階段、門扉、柱頭装飾、天井装飾などを十葉分も描いている。ここでの研究成果は、帰国から間もない時期に携わり、明治二十一年（一八八八）に竣工したヴェネツィアン・ゴシック様式の渋澤栄一邸に生かされることになる。

年記のない46葉オモテ及び、明治十五年（一八八二）十一月七日の年記がある47葉オモテには、ヴェネツィア市内の綿工場の基礎に関するスケッチと所見を遺している。辰野は、近代日本に必要な工場建築の設計の必要性を予見していたのだろうか。帰国後、辰野は複数の工場設計に携わることになる。

フィレンツェ——ルネサンス建築

ヴェネツィアを発った後、辰野はフィレンツェへ向かう。フランスにおいて名高い古典様式の宮殿建築を見学した辰野は、イタリアにおいて、その源流というべき古典様式の建築を見学している。『工学博士辰野金吾伝』には、第十七図として明治十五年（一八八二）十二月二十二日付のミケロッツォ・ミケロッツィによる富裕層の大規模都市建築であるパラッツォ・メディチ・リッカルディが、第十八図として明治十六年（一八八三）一月十七日付の、ベネデット・ダ・マイヤーノとシモーネ・デル・ポッライオーロによるパラッツォ・ストロッツィのスケッチが掲載されている。どちらのスケッチも、ルネサンス期パラッツォの特色をなす古典様式の深く差し出された軒（コーニス）のデザインを精確に写し取るために、基準線を引いた上で描かれている。

辰野がフィレンツェにおいて、これらのルネサンス期の代表的なパラッツォという都市建築のみならず、古典様式による建築全般に関心をもっていたことは想像に難くない。というのも、ヴェローナでは同地出身のルネサンス期を代表する建築家の一人であるミケーレ・サンミケーリの建築を実見しているからである。『滞欧野帳』第四巻34葉オモテには、「偉大なヴェローナの建築家であるサンミケーリによってなされた」建物のコーニス廻りが描かれている。辰野は建物の名称を記していないが、これはヴェローナの町の顔になっている円形劇場の横にある、ブラ広場に面したパラッツォ・グスタヴェルツァであろう。

辰野は、ルネサンス期パラッツォの様式や装飾法が、日本の将来の建築の参考になると実感したがゆえに、詳細なスケッチを行ったのだろう。帰国後に辰野が手がけた建築は、どれもルネサンス建築からの影響を感じさせるものである。

ローマ――松岡壽との交流

フィレンツェを発ち、ピサ、シエナを訪れた後、辰野は明治十六年（一八八三）一月三十日にローマ入りした。ローマには松岡壽が居た。ローマでの辰野の行動は、松岡の日記からうかがい知ることができる。

松岡は工部美術学校を退学後、留学の機会を待ち、旧岡山藩士で外務省に出仕していた花房義質の斡旋により、明治十三年七月に在イタリア王国特命全権公使の鍋島直大の従者としてローマに赴いた。鍋島公使に随行した旧佐賀藩士の外務書記官で画家の百武兼行《ひゃくたけかねゆき》と共同で、松岡はシスティーナ通りにアトリエを借りて、同じ教師について絵を学んだ。鍋島公使帰国後も、松岡は公使館で働きながら、自らの絵画修業を続けた。辰野が到来したのはこの頃である。

二月五日の松岡壽の日記には、「長沼守敬氏ベニスより出羅、辰野金吾氏と三人浅野公使より午餐に招きを受く」とある（『松岡壽研究』）。ヴェネツィア在住の長沼もローマを訪れ、鍋島公使の後任である浅野《あさの》長勲《ながこと》公使に、辰野ら三人は昼食に招かれたのである。浅野公使による設宴は、恐らくローマ到着間もない官費留学生である辰野を歓迎する目的で行われ、謝肉祭の時期で休暇を取った長沼もヴェネツィアからローマにやってきたということだろう（河上眞理「一八八〇年代イタリア王国における美術をめぐる状況と松岡壽」『松岡壽研究』）。

また同日、「長沼ベネチアより出羅　余の画室に投宿す　晩食後辰野も来り、三人カフェーグレッコに行く」と記されている。建築、絵画、彫刻と、別個の専門を持つ三人が、今も観光客で賑わうカフェ・グレコで何を話したのだろう。近代日本におけるそれぞれの役割や夢を語り合ったのだろうか。三人は終生の友となるのである。

また二月十一日には、「夕　辰野と三人ファルコーネに至り飲み　帰途長沼馬車中に外套を失ひ辰野と金をだしあふて贈る」とある。夕方、町へ繰り出し、帰途の馬車に長沼が外套を忘れてしまうほど、三人は杯を酌み交わし大いに気炎を上げ、意気投合したことが伝わってくる。松岡と辰野はお金を出し合って長沼に外套を贈ったという。辰野は官費留学生で経済的な余裕があったわけではないだろうけれども、最年長ということもあり、後の「辰野おやぢ」を彷彿させる男気のある対応をしたのだろう。

晩年、長沼はこの時の思い出として、「異国の空で思ひ切り、日本語を語り合ひて、非常にたのしくトラットリヤ（土地の料理屋）で美味しい物をたべさせる、有名な店であるが名を忘れたが、そこで時を忘れて、談笑したことだ」と回想している（長沼守敬、寺崎武男「昔の思ひ出」『松岡壽先生』）。恐らく辰野も同じ思いだっただろう。

長沼が一週間ほどローマに滞在してヴェネツィアへ戻った後も、辰野はローマに残っている。恐らくローマを拠点に、近郊の都市へも見学に出掛けていたのだろう。松岡の日記の三月一日には、「辰野氏を写生す」とある。この時の作品の行方はわからない。しかしその後、松岡は再び辰野の肖像を描くことになる。大正八年（一九一九）に辰野が亡くなった後、辰野の還暦祝いの時の写真を基に肖像を描いたのである（口絵一頁）。

三月二日、松岡は辰野とその友人である志田林三郎と共にフレスコ画を見る目的で、"Piazza《(マ》 Falnesiora《マ)》"に出掛けた。第五章で詳述するが、この時の経験は後年の明治美術会での「フレスコ画について」という講演に生かされたことだろう。同行した志田は工部大学校で電信学を修めた俊英で、辰野と共にイギリス留学に出発した一人である。

三月五日の日記には「辰野氏の友人小花冬吉と初めて相知る。辰野氏のため建築規則の翻訳をGeraldini 氏に依頼す」とある。小花冬吉も工部大学校で冶金学を修め、首席で卒業し、共にイギリス留学に出発したメンバーの一人である。ローマにあっても、辰野が志田や小花など工部大学校の同窓生と親しく交流していたことがわかる。また、イタリア語で書かれた建築規則書の内容を知りたいという辰野の希望を叶えるために、松岡が公使館に勤めるジェラルディーニに依頼の労をとったこともわかる。

ローマといえば当然、古代ローマの遺跡が話題になったと考えられるが、ローマ滞在を語る野帳は、今のところ見つかっておらず、その詳細はわからない。『滞欧野帳』には僅か一点だが、明治十五年（一八八二）十月二十四日にヴェローナの円形劇場を訪れた際のスケッチがあることから、ローマにおいても古代ローマの遺跡を見てスケッチをしたのではないかと思われる。古代ローマ建築への関心もまた建築学徒の教養の範疇と言えるだろうが、ルネサンス建築に関心を寄せる者であれば、一層興味を惹かれることもあっただろう。

グランド・ツアーの意義

今日とは全く異なる交通事情の中で一年もの間旅を続けることは、決して生半可な気持ちでできることではなく、強い信念と根気が必要だったことは言うまでもない。この旅の一つの目的は、工部大学校の卒業論文を端緒とする課題であった、日本の将来の建築における装飾や様式についての提言のための素地を醸成することだっただろう。辰野は、ローマ建築からゴシック聖堂、ルネサンス期のパラッツォといった歴史的建築、ハーフティンバーの住宅といった市井の建築、そして当時最新の建築に至るまで、あらゆる領域の建築を見て回った。その中で、様式としてはルネサンス様式に強い関心を向けていた。この旅が辰野にとって、建築様式観を確立していく上で本質的な経験となったものであることがここからうかがえよう。

また、この旅は師バージェスの辿った道程を確認する旅でもあった。辰野の観察は、建築における工学的側面への注目もあるものの、多くは装飾的な細部であったり、整った様式表現を見せる建築であったりと、建築における美術的な側面に力点が置かれていた。この視点は、工部大学校以来の問題意識よりも、むしろバージェスから強い影響を受けたものであっただろう。その建築観の根幹をなすのが、第五章で詳述する〈美術建築〉の概念である。

この旅の中で、画家の松岡壽、彫刻家の長沼守敬と交流し、深い契りを結んだことも、辰野に〈美術建築〉を強く意識させる契機となったことだろう。留学全体を通して、辰野は〈美術建築〉という概念に出会い、それを日本に実現するための素地を形成し始めたのだった。

第四章　建築界の造形

欧州留学を終えて日本に帰国した辰野は、日本における建築への道を自ら切り拓き、そして日本の建築界を造り上げていく。辰野の活動は、工部大学校及び帝国大学における建築教育、造家学会の設立、中堅技術者を養成するための工手学校《こうしゅがっこう》の創設、美術家との積極的交流と、多岐にわたる。まさに日本の建築界の父というべき存在となっていく。

しかし、そんな辰野にもライバルとなる一派がいた。工学界全体においては見えない力を発揮した旧東京大学勢、そして建築界においては妻《つま》木《き》頼黄《よりなか》（一八五九—一九一六）を筆頭とする官僚建築家たちである。それゆえ、辰野の活動は建築界のすべてに及んだわけではなく、一定の限界も持ち合わせていた。

本章では、留学から戻り社会に出た辰野が、建築教育や建築関係者の組織化を通して建築への道を開拓していく過程を追い、辰野が造ろうとした建築界の輪郭を明らかにしていく。

1　敗者としての工部大学校

イギリス留学後、フランス、イタリアへのグランド・ツアーを経て帰国した辰野は、明治十七年（一八八四）十二月にコンドルの後任として工部大学校教授に就任する。この後、明治三十五年に東京帝国大学工科大学教授の職を辞するまでの十八年間にわたり、辰野は日本の建築教育を担い、幾多の建築家や建築技術者を鍛えていった。工部大学校を首席で卒業した辰野に相応しい経歴として、疑問なくとらえてしまいがちであるが、ここには一風変わった履歴事項が含まれている。それは、明治十九年と明治三十五年の二度にわたって、官職を依願退官という形でなげうっていることである。二度とも、民間の建築設計事務所を立ち上げる夢を追い求めての辞職と説明されているものの、国に奉職することが義務づけられた官立の学校を、しかも首席で卒業した人物の履歴としては、不可解と言わざるをえない。一体、これはどのようなことを意味するのだろうか。

工部省への奉職と営繕活動

明治十七年末の辰野の工部大学校教授への着任は、日本の建築教育をお雇い外国人から日本人の手に移した、記念すべきできごとだった。これまでの評伝や近代建築史の叙述では、このことが、欧州留学から颯爽と帰ってきた辰野の華々しいデビューとして語られている。しかし注意深く見てみると、この着任はそれほど明るいものではなかったように思われる。その理由は、一つには工部大学校卒業生には卒業後七年間の奉職義務が課されており、教授職は本務である本省勤務との兼任だったこと、もう一つには工部省が翌明治十八年に廃省となる運命にあり、工部大学校自体も初期の勢いを失っていたことである。

帰国後の辰野は、まず明治十六年六月二十一日、工部省准奏任御用掛に任ぜられて営繕課に所属し、工部省における営繕の職務に就いた。ここでは営繕局長平岡通義《ひらおかみちよし》より公私にわたる薫陶を受けたという。辰野は生涯にわたって平岡を最大の恩人と仰いでいる。明治十七年七月二十八日には工部権少技長に任ぜられ、建築関係技術者を統括する地位に就いた。まずは工部大学校教授に着任するまでの一年半ほどの間における工部省での辰野の業務内容を見ていこう。

明治政府における官庁営繕部局は、大蔵省から内務省を経て、明治七年一月に工部省に移管され、製作寮営繕課となった。留学した辰野を除く工部大学校卒業生は皆、卒業後直ちに工部省に奉職してこの営繕課（組織改編により営繕局、営繕課と名称が複数回変わる）に勤務し、官庁営繕に携わった。しかし、辰野が工部省に奉職した明治十六年頃には、諸官庁の建築が個々の役所内で設計されるようになっており、工部省営繕課の業務は激減していた。そのため、主要な営繕局員は、政府最大の営繕事業であった明治宮殿を造営するための皇居御造営事務局（宮内省管轄）を兼務し、もっぱらその業務に従事していたという（『明治工業史——建築篇』）。辰野もその業務に従事していた可能性がある。というのも、辰野は明治十六年十一月に初めての論文である「家屋装飾論」を発表しているが、これは皇居造営業務の一環として家屋装飾について考える必要に迫られたことが契機となったと考えると理解しやすいからである。また、明治十七年二月二十五日付の工部大学校造家学最終試験の問題に、家屋装飾法のうちいずれを宮殿建築に適用すべきか、とする問題を出していることも傍証となる。少し後の明治十九年五月に、辰野は皇居御造営装飾法顧問を嘱託されているが、それ以前より皇居造営の装飾取調に関わっていたということになろう。これが、帰国当初に辰野がまず担当した主業務であった。

皇居造営は、当時の明治政府にとって緊急を要する重要課題であった。江戸城の西の丸御殿を転用していた皇居内の宮殿が明治六年に焼失したため、新たに造営する必要が生じたのである。当初は西洋建築による再興が計画され、ボアンヴィル設計による赤坂謁見所・会食堂の工事が着手されたが、煉瓦壁体のひび割れにより建設途中で放棄され、洋風か和風かで大きく議論が分かれることとなった。議論の結果、正殿は洋風、奥向御殿は和風で建設することに決まった。洋風の正殿はコンドルにより謁見所を移築しつつ新たな意匠を施す設計案が立てられ、綿密な地質調査も行われたものの、予算増加により明治十六年四月二十三日に洋風正殿案が突如中止され、最終的に木造での宮殿建設と決定された。辰野が工部省に奉職したのは、洋風正殿が廃案となった直後であった。木造宮殿は和風を基本とするものであったが、表宮殿については構造と室内意匠に洋風を加味した折衷式で計画されたため、その意匠検討に辰野を含む工部大学校出身の建築家たちが取り組んだものと思われる。

工部省営繕課は、本務閑散となった穴埋めに、皇居造営に関する業務に加えて民間工事の設計、監督委託を受けることにも取り組んだ。辰野の処女作である銀行集会所は、この設計監督委託業務の一環として設計された。渋澤栄一の依頼によるもので、明治十六年十月に起工、明治十八年十一月に竣工した。この設計によって渋澤の信頼を得たのだろう。その後、渋澤は辰野のパトロンの一人となっていく。辰野はまず、教育ではなく建築設計によって日本の建築界へのデビューを果たしたのだった。

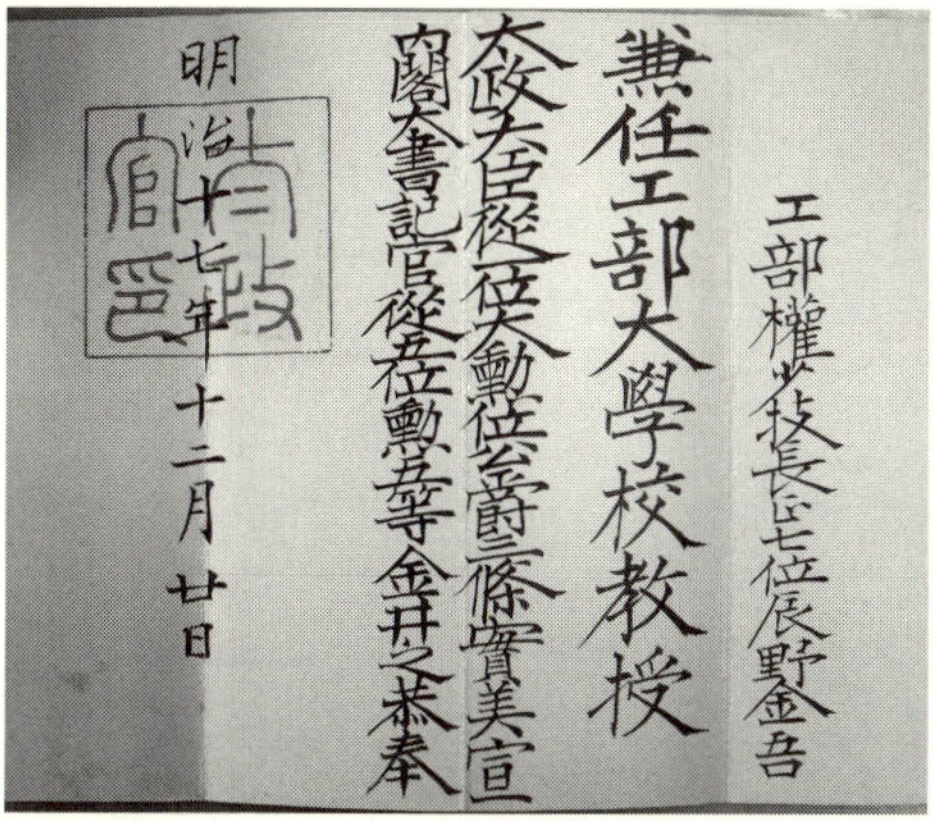

図4－1　工部大学校教授兼任辞令
（東京大学大学院工学系研究科建築学専攻蔵）

工部大学校教授着任

次いで明治十七年十二月二十日、辰野は契約期間が満了したコンドルの後任として工部大学校教授に着任した。しかし、本務は工部権少技長にあり、工部大学校はあくまでも兼任であった。助教授には明治十四年に着任していた曽禰達蔵が引き続き座り、辰野を補佐した。辰野の教授着任については、曽禰が辰野より先に工部大学校の教職に就いていたことから、コンドルの後任を争う立場として曽禰と辰野がライバル関係にあったとする見方があるが、これは正しくない。当時の助教授は、教授の指揮下にその任務を助ける助手的な役割であり、教授とは待遇、任務共に明確に区別されていた。先述のように、辰野と曽禰の間には卒業等級の上での厳然たる差があり、辰野の教授就任は卒業時点ですでに既定路線であった。

教授着任後、辰野はすぐさまカリキュラムの改良を行ったと言われている。けれども、実はこの段階では、辰野は留学の成果を十分に活かすことはできなかったようだ。というのも、工部大学校の英語版カレンダーの造家学シラバスを見ると、明治十七年版と十八年版が同一の内容となっているからである。日本語版『工部大学校学課并諸規則』でも、明治十七年四月改正のものと明治十八年四月改正のものとで内容が同一である。つまり、辰野はコンドルの作成したシラバスをそのまま受け継いでいたのだった。この段階で辰野が手がけることができたカリキュラム改編の内容は、第五章に述べるように、三年生と四年生に自在画を設け、講師に博物場掛であった工部美術学校出身の曽山幸彦を充てたことだけであった。

辰野の工部大学校教授への就任は、まずはコンドルが引いたレールを継承することから始まったもので、一挙に新しい教育が開始されたわけではなかった。しかも、工部大学校教授の職も、着任からわずか一年ほどで失うこととなるのである。

明治十九年の依願退官

辰野の工部大学校教授への着任によって日本人による建築教育が開始されたのだが、そのわずか一年後の明治十八年十二月、工部大学校を所管する工部省が廃省となった。内閣制度の発足に合わせた機構改革の中で、工部省の所管した官主導の殖産興業政策には一定の成果がもたらされたとみなされたのが、表向きの廃省の理由である。実際のところは、この省が政治家ではなく技術官僚によって主導された官庁であったがゆえに、政治的な立場が弱く、むしろ生き残ることができなかったと考えるべきだろう。工部省所管の職掌は、部局ごとに農商務省、逓信省、文部省、大蔵省等に移管された。工部大学校は、東京大学に明治十八年十二月に新設された工芸学部と合併して新生工部大学校となり、文部省に移管された。この合併と移管は、実際には翌年の創設が予定されていた帝国大学への再編の一環でもあった。

本省廃止にともない、辰野の本務である工部権少技長は、今日の休職にあたる「非職」となった。工部大学校の教授職については、学生を抱えていた関係上、引き続き務めたようであるが、本務が休職となった状況で、兼務の教授職に明るい未来があるとは考えにくい。着任からわずか一年で、辰野は工部大学校教授としての将来を奪われることとなったのである。

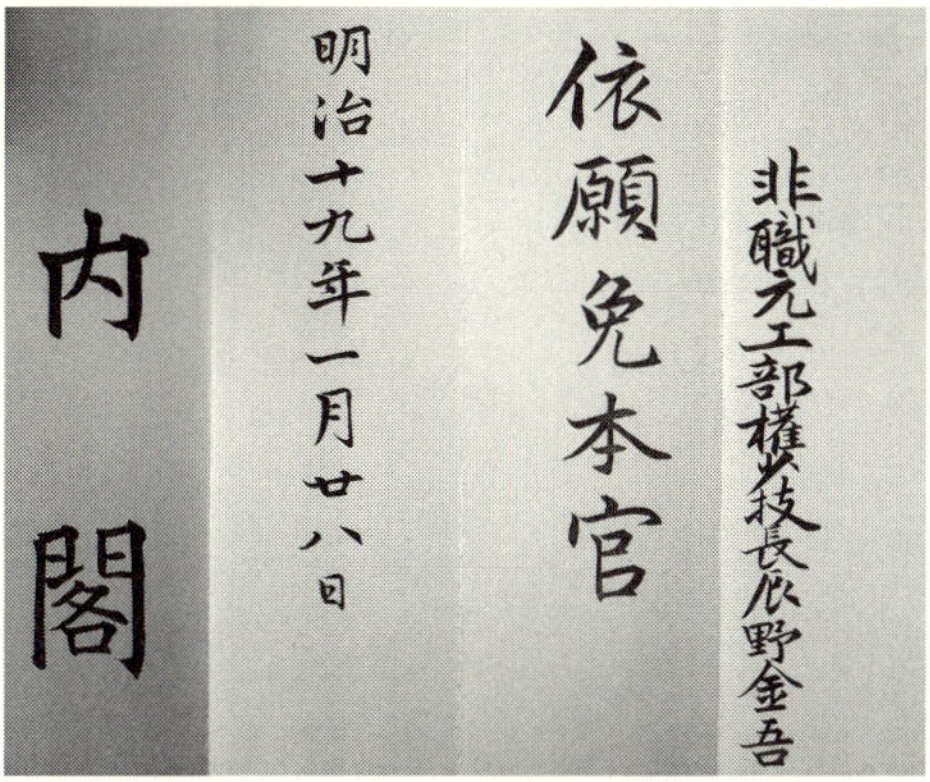

図４－２　工部権少技長依願免官辞令
（東京大学大学院工学系研究科建築学専攻蔵）

明治十九年一月二十八日、辰野は、非職工部権少技長を依願退官した。兼任の工部大学校教授も同時に退くこととなった。この依願退官の後、自営の建築設計事務所である「辰野建築事務所」を開設した。この行動について、これまでは、教育者でありながらも独立した自営建築家としての活動を夢想しており、その夢を実現するために下野したものと評されてきた。しかしこれも、それほど事情は単純ではなかったようだ。

まず、辰野の辞職の経緯から見直していこう。辞職理由の文書には、以下のように記されている。

「私義今般大倉喜八郎外数氏ノ招聘ニ應シ右諸氏之新ニ設立セントスル建築会社ニ於テ造家ノ実業ニ従事致タク候ニ付非職元工部権少技長被免候様奉願候也」

(「官吏進退　明治十九年官吏進退一　内閣」国立公文書館蔵)

大倉喜八郎《おおくらきはちろう》(一八三七―一九二八)ほか数名が設立を計画していた建築会社に招聘されたことが、辞職の理由となっている。ここに幾分唐突に現れるのが、大倉喜八郎の名である。数多くの企業を興し、明治・大正期の実業界に名を馳せた、大倉財閥の始祖である。この建築会社に招聘されるにあたり、辰野が大倉組に提出した明治十九年二月四日付の約定書写しが辰野家に残されている(図4-3)。そこには提出先として、伊集院兼常《いじゅういんかねつね》、大倉喜八郎、久原庄三郎《くはらしょうざぶろう》の三名が挙げられている。この三名はいずれも翌年三月に設立されることとなる日本土木会社(後の大倉土木、大成建設)の幹部となる人物である。日本土木会社は渋澤栄一が後ろ盾となって設立された会社だったので、旧知の渋澤を介して辰野は大倉らとの繋がりを得たのだろう。

しかしながら、辰野の意見が会社の幹部の容れるところとならなかったため、この会社からはすぐに離れることとなったという(『工学博士辰野金吾伝』)。とはいえ、この会社の業務として、辰野は江戸橋郵便局の設計を行っているので、一月程は在籍したのであろう。この会社で、一体、辰野は何を

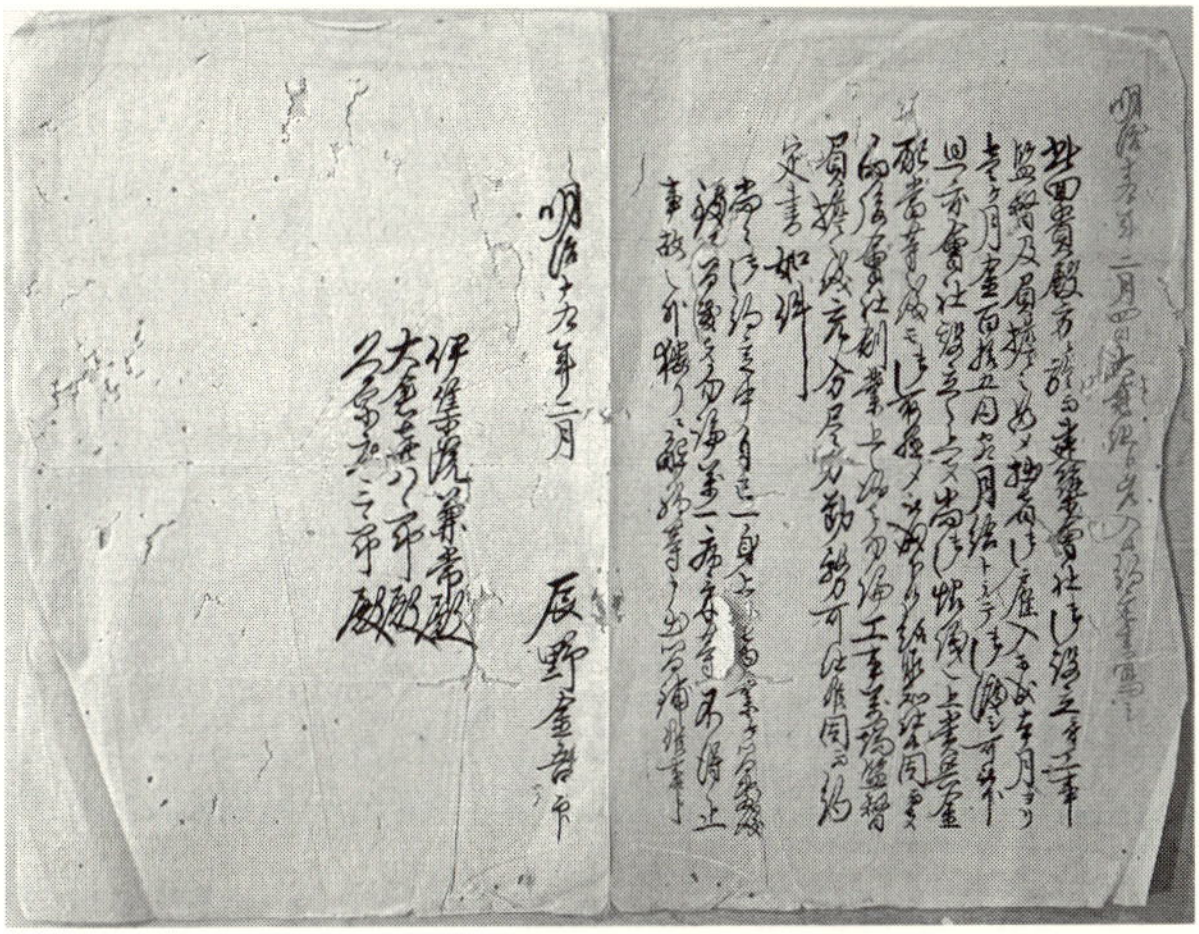

図４－３　大倉組への約定書写し
（明治19年／辰野家蔵）

なそうとしていたのだろうか。その後の歩みを続いて見ていこう。

辰野建築事務所の開設

大倉らの建築会社から離れた後、辰野は同郷で幼なじみの建築技術者岡田時太郎を事務員として、京橋区山下町の経師屋松下勝五郎家の二階を借り、「辰野建築事務所」を開いた（岡田時太郎「洋行時代のこと」『工学博士辰野金吾伝』）。明治十九年二月のことというが、辰野が岡田と再会したのが工科大学本館の縄張り時というから、実際には辰野が工科大学教授に就任した同年四月以後のことと思われる。明治二十年四月には京橋区加賀町八番地、銀座煉瓦街の一角を購入し、事務所を移転している。

岡田時太郎の回想によれば、この事務所において、海上保険会社、元深川帝国肥料会社、麻布四ノ橋製鋼会社（東京製綱）工場、住宅では益田孝邸と渋澤栄一邸等の設計と工事監督がなされたという。他にもこの時期に明治生命会社などの設計を手がけている。辰野は明治十九年四月に帝国大学工科大学教授に就任するので、この事務所での設計活動は大学教授兼建築家、すなわちプロフェッサー・アーキテクトの走りといえる。当時の設計に関わる資料が現在も辰野家に残されており、この「辰野建築事務所」が後に設立された「辰野・葛西建築事務所」などには引き継がれない別組織であったことがうかがえる。

この事務所時代に設計された建物には、ある傾向が見られる。ほとんどの建物が渋澤栄一に関係のあるものだったことである。海上保険会社、帝国肥料会社、東京製綱はいずれも渋澤が創立に関与した会社である。後に三井物産を創始する益田孝も、渋澤と深い関係を持っていた。渋澤は初期の辰野のパトロンだったわけである。さらには、これらの建物のうちの多くは、渋澤が本拠とした兜町一帯に集中して建てられた。処女作銀行集会所も兜町の隣町である坂本町にあった。

ここから、明治十九年の依願退官後に辰野が大倉らの会社において実現しようとしたことが間接的に見えてくる。それは、東京に記念碑的な建築物を自らの手で集中的に設計することである。それを実現する背景となったのが、当時勃興した東京の都市計画であった。

市区改正計画と兜町ビジネス街

辰野が依願退官をした明治十九年頃、東京では二つの大きな都市計画が検討されていた。一つが市区改正計画、もう一つが官庁集中計画である（藤森照信『明治の東京計画』）。

市区改正計画とは、明治十年代より計画され、大正初年に至るまでの長期間にわたって実施された、江戸を近代都市東京に改造するための都市計画である。東京府が主導したもので、東京湾への国際貿易港の開港と、道路を新設、拡幅することで江戸の都市構造を改良する陸上の交通計画の二本立てからなる。調査の委員には、府吏、旧幕海軍関係者の他に、経済関係者が招かれた。そこで強い主張を投げかけたのが、東京商工会のリーダーであった渋澤栄一であった。

渋澤の主張を入れて明治十八年十月八日に成立した市区改正審査会案は、隅田川河口を埋め立てて港を築き、皇居前に中央ステーションを置き、その間を商業都市化することを意図したものとなった。この案で商業の中心として意図されたのが、渋澤が本拠とする兜町、坂本町、南茅場町一帯、すなわち兜町ビジネス街である。

辰野金吾の処女作である銀行集会所、そして辰野建築事務所が手がけた建築のうち、事務所建築と渋澤邸はいずれもこのエリアに集中している。銀行集会所において渋澤の知遇を得ていた辰野は、この計画に従って順次兜町一帯に商業建築の設計を任されていったのだろう。しかし、大倉らと渋澤の関係を考えれば、これらの建築の設計は大倉らの建築会社に所属しても可能だったように思われる。そう考えると、大倉らの会社を早々に去ったのには別の理由がありそうである。

官庁集中計画と辰野

市区改正計画はこの直後、実施へと進まぬまま一度棚上げされてしまった。同時に勃興してきた官庁集中計画に都市計画の主軸が移ったためである。官庁集中計画は、外務卿井上馨を中心に太政官・内閣直轄事業として立案されたもので、日比谷から霞ケ関にかけての一帯に官庁を集中し、ヨーロッパ風の壮麗な官庁街を形成しようとした計画である。

鹿鳴館建設の翌年の明治十七年より計画が進められ、明治十九年二月十七日にこの計画を担当する臨時建築局が設置され、計画が本格化した。臨時建築局以前は、コンドルに計画立案が委ねられていたのだが、臨時建築局開局とともにドイツから招聘された技術者たちへとバトンタッチされた。ドイツからは宰相ビスマルクの建築顧問を勤めたエンデ・ベックマン事務所、そして都市計画家ホープレヒトといった大物技術者が招聘され、放射状に道路を配したバロック風の壮大な道路計画と、国会議事堂をはじめとする華麗な建築群が計画された。しかし条約改正交渉の失敗にともない明治二十年九月に井上馨が失脚すると、計画は縮小され、結局は司法省と裁判所が建設されただけで計画は消滅した。代わって、棚上げされていた市区改正計画が実施に移されていく。

辰野は官庁集中計画には全く関わっていないのだが、市区改正から官庁集中計画へと東京の都市計画の主軸がシフトしたこの明治十九年初頭は、まさに辰野が依願退官し、大倉らの建築会社に身を移した時であった。時期の一致から考えると、あるいは大倉らの建築会社は、市区改正計画ではなく官庁集中計画に関与することを計画していたのかもしれない。官庁集中計画が始まる直前に井上馨の肝煎りで建設された鹿鳴館の施工は、大倉が設立した土木用達組の手になるものであり、大倉の側にはこの計画に関与する勝算があったものだろう。つまり、辰野は官庁集中計画のもとで記念碑的建築を設計すべく、ここに加わったのではなかったか。廃省の憂き目にあい、相対的に立場の下落した工部大学校一派の浮上策として、これほどのインパクトのあるプロジェクトはなかっただろう。

しかしながら、辰野は大倉らの建築会社から身を引くことになった。官庁集中計画は依然として計画立案段階にあり、実質的に先の見えない状況だったのだろう。辰野が夢見たであろう記念碑的な建築の設計業務は、大倉らの建築会社では実現できなかったのである。辰野はここで、廃省に続く大いなる挫折を味わっただろう。しかし渋澤との縁は続き、市区改正計画の中で渋澤が描いた兜町ビジネス街の民間の新建築群の多くが辰野の手で設計され、実現されていった。

さて、明治十九年の依願退官以降、めまぐるしい変転を経たわけだが、この動きも冷静にみれば、辰野が純粋に夢を追ったというよりは、状況に押し流された結果であったようにみえてくる。官職をなげうつといっても、当時は非職であり、先の見えない状況であった。むしろ、官の職を追われたという方が正しいのかもしれない。しかし、辰野はここで大きな賭に出た。大倉らと組み、東京に新しい記念碑的な建築物を建てていく道筋を一挙に開拓しようとしたのである。その希望は早々に崩れ去ったものの、渋澤栄一との関係は続き、個人の建築事務所を開くことで建築家としての道を歩み始めることができた。

とはいえ、ここで設計した建築物はいずれも民間のものであり、辰野が渋澤や大倉らと夢見たであろう国家を飾る建築を手がけることができたわけではなかった。辰野の経歴は、一見、国家の中枢を進んだかにみえるのだが、実は民間の建築を手がける建築家としてキャリアをスタートさせたのだった。

帝国大学工科大学教授への着任

依願退官からわずか十五日後の二月十二日、辰野は、文部省に移管されていた工部大学校の教授を嘱託された。注意が必要なのは、任命ではなく、嘱託だったことである。それまでの工部省における奏任官待遇からすれば、耐え難いものだっただろう。工部大学校出身者は、ここで相対的に冷遇されたのである。これは、帝国大学創設に先だって、東京大学工芸学部と工部大学校が合併した際の力関係を暗示している。工部大学校は、いわば「敗者」だったのである。

そして同年三月一日、帝国大学令が制定され、工部大学校は帝国大学を構成する分科大学の一つである工科大学へと改組された。工科大学創設時の教授職には、東京大学に存在した学科についてはすべて東京大学出身者が就き、その他の学科のみ、工部大学校出身者が就いた。造家学科は東京大学に存在しなかったため、ここで辰野が教授に就任することは当然のようにも見えるが、実は東京大学理学部土木学科には、造営学を教授していた小島憲之がいた。小島は東京大学の前身である大学南校(後に開成学校と改称)を中退後、アメリカに渡ってコーネル大学で建築を学んだ後、明治十四年より東京大学理学部に勤務し、教育に従事していた。先の辰野の依願退官は、この人物の存在ゆえに、自分が教授職に就く目がないと考えたということもあったかもしれない(杉山英男「近代建築史の陰に」)。

しかしながら、造家学科の教授には、小島ではなく辰野が任命された。造家学を体系的に教育することのできる人物は、小島ではなく辰野しかいないと判断されたようである。工部大学校の同期で工科大学の電気学科教授となっていた志田林三郎の推挙もあったという。

結果的に辰野は工科大学教授に就任することとなった。しかし、この任命時期がまた問題で、開校から一ヶ月遅れた四月十日であった。自ら官職をなげうった辰野を呼び戻すことへの大学側の抵抗感もあったのだろう。一方の小島は、工科大学講師として建築学教育の一翼を担うものの、本務は第一高等中学校にあり、明治二十七年以降は工科大学講師嘱託を解かれ、第一高等中学校の英語教師として夏目漱石などの俊英を育てていった。

こうしてみると、工部大学校出身の辰野に教授職が廻ってきたのは、いわば東京大学出身者によって占められたポストの落ち穂拾いのようなものだったのかもしれない。本省が消失してしまった工部大学校が置かれた立場の弱さを、辰野はそのキャリアの初期から痛感させられた。そう考えると、明治十九年の依願退官は、自営建築家への夢といった面もなくはなかっただろうが、それはむしろ方便であったというべきかもしれない。

これ以降、辰野は建築教育に本格的に携わることとなった。しかし、この一連のできごとは、工学の中での造家学科の微妙な立ち位置、そして旧東京大学に対する旧工部大学校の位置をめぐる辰野の忸怩たる思いをうかがわせるに足るものであった。

2　帝国大学工科大学での建築教育

工科大学における辰野の教育

教育者としての辰野の活動は、実質的には明治十九年（一八八六）四月の帝国大学工科大学教授着任から始まった。辰野の考えに基づくカリキュラム変更も、これ以降徐々になされていく。

辰野の手でなされたカリキュラム改革は多岐にわたる。まずは先述のように、工部大学校時代に〈美術建築〉を意図した教育の第一歩として「自在画」の学科目を新設した。帝国大学では、「日本建築学」、科学的研究分野としての「材料構造」、そしてその中で取り扱った地震学といった日本特有の問題に対応した学科目を開いた。これらの学科目が新設されることにより、今日に繋がる日本独自の建築学課程が完備された。つまり、この枠組はほとんど辰野一人によって作り上げられたのだった。

これまでは、日本の建築学教育の定着に関しては、コンドルの貢献が強調されることが多かった。もちろん、コンドルは日本には存在しなかった建築学を初めて本格的に実践した、日本の建築学の始祖である。しかしその内容はイギリスにおける建築学そのものであった。辰野は自らのイギリス留学及び他の欧米建築体験を踏まえ、また日本特有の諸条件に十分に配慮しながら、日本の建築学というものを作り上げたのだった。辰野によって、「造家学」は日本に根付いた「建築学」へと刷新されたといえよう。

工科大学発足からしばらくは、曽禰達蔵、中村達太郎《なかむらたつたろう》が助教授として一部の講義を担当したものの、ほとんどの講義を辰野が受け持っていた。科目は変わるが同じ教師が常に現れて講義をする、しかも雷親父の辰野である。生徒の中にはこの状況に耐えられずに中退したものもあった。後に議院建築の設計案などで名を上げる下田菊太郎《しもだきくたろう》は、卒業を間近に控えた時期に辰野と反りが合わなくなって中退し、アメリカに渡っている。

明治二十六年以降、帝国大学の制度改革により講座制が敷かれるようになると、造家学科は三講座制となり、分担教育の体制が整えられた（『東京大学百年史　部局史　三』）。第一講座は構造、材料、採光などで、中村達太郎が担当、第二が辰野で、建築設計を担当する中心講座の位置付けであった。遅れて明治二十八年より、建築の歴史的意匠と建築史を担当する第三を助教授の石井《いしい》敬吉《けいきち》が受け持った。

辰野は何でも教えたらしい。中でも意匠と建築史、特にルネサンス建築史に力を入れていた。辰野の教育内容をうかがわせる資料として、辰野による試験問題を集めた「辰野金吾出題帖」が残されている（清水慶一「『辰野出題帖』について」）。歴史、意匠、計画、構造、設備、材料、施工と、建築のあらゆる分野にわたる問題が出題されており、総合的な教育を行っていた様子がよくうかがえる。この出題帳には、以前からある特徴が指摘されていた。それは、ロンドンで辰野が学んだ教授ロジャー・スミスによるユニバーシティ・カレッジ・ロンドンでの出題に酷似していることである。このことは、西洋建築を学ぶことに汲々として、建築に関する思索を深める余裕のなかった辰野世代の限界を示すもの、と見る向きもある。しかし、そもそも明治十三年からの留学は教育方法を身に付けて工部大学校教授をお雇い外国人から日本人に入れ替えていくことを目的として政府が費用を負担したものだったので、辰野がよく教育方針を学んできたということの表れと言えるだろう。また、出題された問をよく見ると、後述するように、日本の事情や自らの作品に引き寄せた課題が追加されていることがうかがえる。

辰野が新たに開拓した建築学の諸分野の中でも、特に日本の風土や歴史を意識したものが、「日本建築学」の創設である。

「日本建築学」の創設

「日本建築学」は、辰野金吾の発案により、明治二十二年一月、御所大工家の惣領であった木子清敬《きごきよよし》（一八四五―一九〇七）を帝国大学工科大学講師に招聘して開講された。西洋建築一辺倒であった造家学に、日本の伝統建築を学ぶ講座がここに初めて作られた。西洋から輸入されて始まった造家学が日本独自のものへと転化していく契機がここにもたらされることとなった。

明治二十二年という年は、大日本帝国憲法が公布された年にあたる。明治十年代における西洋化によって不平等条約を改正しようとする動きが挫折し、政府の方針としても伝統へと目を向ける転換が明瞭に出始めた時期であった。教育においても、例えば明治二十年には日本美術を教育する東京美術学校が設立され、明治二十二年には帝国大学文科大学に国史学科が設置された。「日本建築学」の開講は、こうした日本の伝統への意識が高まった時期と連動したものでもあった。

木子の講義は、伝統建築の設計方法である木割術を、大工が実際に建築を建てる際の手順と技術として講ずるものであった。伝統建築を歴史として講ずるのではなく、木割書や雛形書の分類に従った類型ごとに実務的に論じたもので、日本建築の伝統からすれば、この講義のあり方はごくごく当たり前だったはずである。しかし、西洋建築の導入という形で始まった造家学からはむしろ異質なものと映ったようで、学生にとっても理解しにくいものであった。木子を招聘した辰野にとっても、この問題には頭を悩ませたことだろう。

辰野が日本建築に着目した直接のきっかけとなったのは、第三章に述べたようにバージェスからの示唆であった。もう一つのきっかけとして考えられるのが、明治宮殿の造営である。帰国後の辰野が奉職した工部省では、先述のように、官庁営繕よりも明治宮殿の造営に力を割いていた。その状況の中、明治十七年に営繕課長中島佐衡《なかじまさこう》を中心として日本建築調査が行われた（『工部省沿革報告』）。時期からすれば、明治宮殿造営のための調査と考えるべきだろう。辰野はこの調査に加わってはいないが、日本建築研究が日本においても必要とされていることをここで実感したはずである。

しかし、いざ日本建築学を開講してみたものの、西洋建築を軸に据えた造家学全般とは体系が異質でなじまない。日本建築をいかに造家学の一分野となすか。辰野は、ここに〈美術建築〉の概念を導入することを試みた。バージェスの示唆を得て着想したものだけに、西洋建築の枠組の中に日本建築を引き入れることで、造家学になじませようと模索したのである。具体的には、日本建築を歴史的観点に沿って理解することで、それを一つの古典とみなし、その上で日本建築を数多ある建築様式のうちの一つとしてとらえる、という考え方へと展開していく。

辰野はこの観点からの日本建築研究を弟子達に託した。最初は石井敬吉が、次いで伊東忠太がこの研究を推進していった。伊東忠太は大学院に進学し、まず、最古の木造建築である法隆寺の実測調査を行った。日本建築史研究の道を開く重要なできごととして有名であるが、実はこの法隆寺調査は辰野の指示によって実施されたものだった（清水重敦「伊東忠太と『日本建築』保存」）。伊東の日本建築研究は、まさに師の〈美術建築〉概念から発したものであり、辰野が意図した研究を展開したものであったことが知られよう。

伊東の法隆寺実測調査が大きな成功をもたらしたことと前後して、辰野は明治二十四年頃から夏期休暇中に造家学科の学生を関西に派遣し、古建築の実測を課した。以降、造家学の中で日本建築研究は重要な一角を占めるようになっていく。

さて、辰野自身は相変わらず西洋一辺倒で、日本建築の研究は行わなかった、と見られてきた。ところが、辰野家に保管される辰野のノートの中から、近世の建築技術書を多数収集し、研究していたことを示す記述が見つかった。明治四十二年頃にこの研究を進めていたようである。この点については、辰野が設計した和風建築と絡めつつ、第六章で論じる。

地震対策への着目

日本建築学とともに辰野が教育の中で重視したのが、地震の問題である。日本に西洋建築を建てていくには、地震と正面から向き合う必要があった。

辰野は学生時代より早くも地震を意識していたという。ボアンヴィル設計の赤坂謁見所が、軟弱地盤ゆえに建設途中で煉瓦壁に問題が生じたことがあったが、辰野らはその現場を見学していた。西洋建築における基礎構造の重要性をここで認識したことだろう。また、中央気象台に通い、地震機械等に興味を持って調べていたという。工学的興味から建築を志した辰野らしい視点である。

地震の問題を実施に活かすことを辰野が意識した機会となったのが、日本銀行本店の設計と建設であった。この設計に際して、第六章で詳しく述べるように、辰野は明治二十二年から一年間、欧米に建築視察に出かけるのだが、その際に単身でイタリアのイスキア島に向かい、明治十六年に起きた地震の被害状況を視察し、帰国後に工学会で報告をしている（辰野金吾「伊太利亞國イスキヤ島地震建築」）。そして、日銀工事開始後の明治二十四年、濃尾地方一帯を巨大な震災が襲った。辰野はすぐさま学生を動員して震災被害調査を実施している。濃尾震災後の設計課題において、耐震構法が全く意識されていないのを見て、「こんな構造の家は地震になればひと潰れぢゃないか、何のために遠く震災地まで見学調査に行ったんだ。こんな構造であの位の地震に耐へると思ふか」（岸田日出刀『建築学者伊東忠太』）と活を入れたという。その後、明治二十五年には震災予防調査会委員に、そして明治三十四年には会長に就任している。

地震への意識は辰野の建築設計の根幹をなすようになる。後に建築の耐震工学の道を開拓していく佐野利器《さのとしかた》（一八八〇―一九五六）は、「中村先生（中村達太郎、筆者注）や辰野先生は能く我々弟子を戒められて、日本は地震国だからアーチテクトも構造を忽せにしてはならない。日本のアーチテクトはアーチテクト・アズ・ウエル・アズ・エンヂニヤーでなければならないと英語交りの訓戒を與へられたものです」（「回顧座談会」第三回における佐野利器の回顧）と語っている。

とはいえ、その耐震構造の考え方は素朴なもので、壁体の重量を軽減すること、そして基礎を強化すること、の二点に尽きる。日本銀行本店では、基礎を徹底的に強化した上、濃尾震災を受けて、壁体を全石造から内部を煉瓦で積み石を張る構造に変更している。また、濃尾震災の被害調査における考察を踏まえて、辰野は帝国大学構内に煉瓦造の耐震家屋を建てている。これは、被害を受けていなかった名古屋城の石垣の曲線をヒントに、放物線状の曲面に沿って煉瓦を積んだものである。煉瓦造

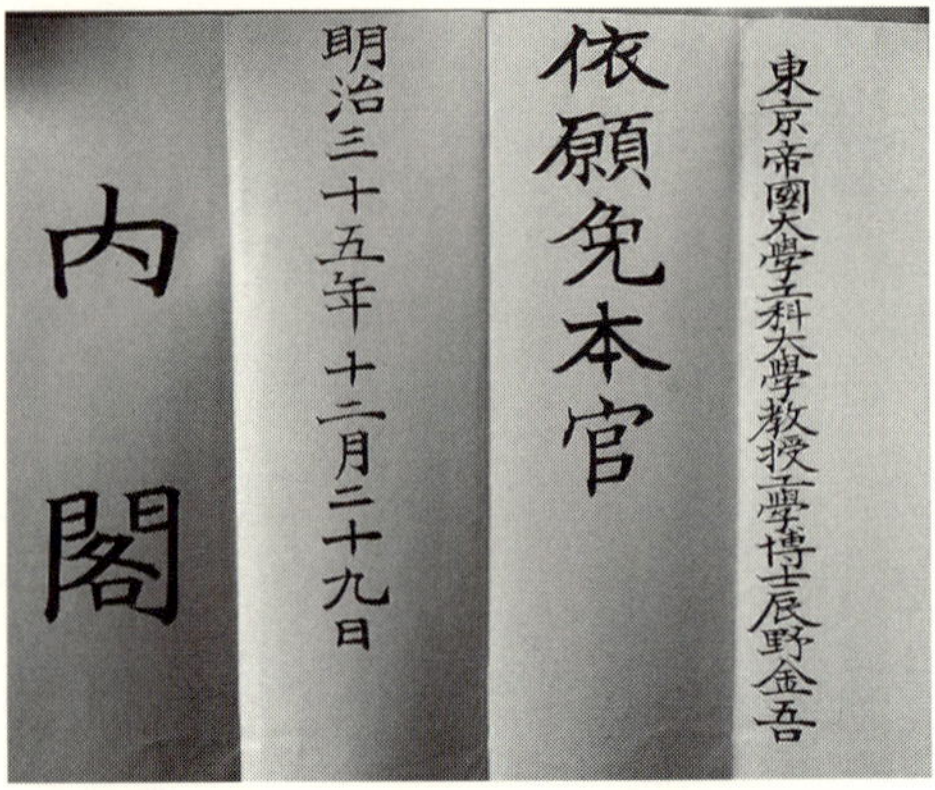

図4－4　東京帝国大学工科大学教授依願免官辞令
（東京大学大学院工学系研究科建築学専攻蔵）

における耐震性能の確保にこだわったところは時代的な限界といえるが、造形面を意識して耐震性を考えた独特の建築であった。地震への意識においても、〈美術建築〉への意識が見え隠れするあたりが辰野らしい。〈美術建築〉に主軸を置きつつ、日本の風土の特異性に部分的に寄り添って建築をとらえようとする姿勢が辰野の建築観の本質をなすものであることが、ここにうかがえよう。

工科大学長就任と二度目の依願退職

明治三十一年（一八九八）七月十九日、辰野は初代工科大学長の土木学者古市《ふるいち》公威《こうい》（一八五四―一九三四）の後を受けて工科大学長に就任した。工学界のトップに就いた瞬間である。工学における建築分野の弱さもここに払拭されたかにみえる。しかし、工科大学長への就任は、辰野個人の謹厳実直な個性に帰される面が大きく、工学における建築学の力関係とは結びつかないものであったように思われる。

例えば、在任期間を見ると、辰野が四年間であったのに対して、初代の古市は途中一年間の欧州巡回を挟んで十一年間、辰野の後任の鉱山学者渡辺《わたなべ》渡《わたる》（一八五七―一九一九）は十六年間に及んでおり、辰野の在任期間は、前後の工科大学長に比して大幅に短かった。また辰野の在任中には工科大学の組織に目立った改革が見られなかった。辰野の在任は、繋ぎに過ぎなかったのかもしれない。

工科大学長への就任から四年ほどが経った明治三十五年十二月二十九日、辰野は東京帝国大学教授を辞職し、同時に工科大学長も退いた。数えで四十九歳。明治十九年に続く、二度目の依願退官であった。国立公文書館に残る辞表には、退職理由として病気療養が挙げられている。長年にわたる激務によって心身の疲労が蓄積していたことは確かだろうが、依願退官にあたって正当な理由を示すために形式的に病気を理由として挙げた、という面もあろう。

では、辞職の真の理由は何だったのだろうか。これについては、明治十九年の依願退職同様に、五十歳を目前にして民間建築事務所を経営していくという夢が捨てがたく、一念発起して退職したものと言われてきた。主に曽禰達蔵の回顧談によって伝えられていることで、第三者による解釈を含み、かつ後に振り返って付された物語であったように思える。

この時期には、大学教育を任せることができる後続が育っており、辰野が退職しても可能な状況であったことは確かである。しかし、より本質的には工部大学校と東京大学との間の学閥問題があったのではなかろうか。辰野の前後の工科大学長は、初代の古市、三代目の渡辺ともに東京大学出身者であった。しかも彼らは辰野に比べて格段に長く在任している。旧東京大学勢に対して身を引いた、というのが、明治三十五年の退職の隠れた理由であったようにも思われる。

こうしてみると、辰野の行動には、常に東京大学に対する工部大学校の立場の弱さがつきまとっているように思われてくる。これは辰野個人の問題を超えて、日本の工学界における建築学の立場の弱さ、という問題としてとらえるべきことであろう。

建築設計を担当する教授の後継者に塚本靖を指名して東京帝国大学を退いた辰野は、退職翌年の明治三十六年八月、教え子の葛西萬司と共同の建築設計事務所「辰野・葛西建築事務所」を東京に開設し、また明治三十八年には大阪出張所を改組して、同じく教え子の片岡安《かたおかやすし》（一八六七―一九四六）と共同の「辰野・片岡建築事務所」を開いた。以降は民間の建築家として、全国津々浦々に膨大な数の建築を建てていく。

教育者として、辰野は建築学を日本の文化と風土の中に根付かせるべく、力を注ぎ続けた。しかし、その経歴は権力の中枢を一人突き進むようなものではなく、挫折の連続であった。日本の建築界は、この辰野の挫折の中から少しずつ形作られていったのである。

3　辰野が求めた建築界の輪郭

日本において建築界を育てていく過程における辰野の貢献は、大学での教育に留まるものではなかった。造家学会の設立、工手学校への参画など、建築界の多くの領域に及んだ。けれども、その範囲は決して建築界の全てを覆うものではなかった。例えば官庁営繕には辰野は部分的にしか関与できなかったのである。

大学での教育以外の場面で辰野が切り拓いた建築界の組織化と、彼が力を及ぼし得なかった場面とを追い、辰野が造ろうとした建築界の輪郭を確認していこう。

造家学会の創設

工部大学校が帝国大学工科大学に改組された直後の明治十九年四月、建築に関する単独の学会である「造家学会」が工学会から分離独立して設立された。辰野は創立当初より副会長を務めたが、会長はいわば名誉職であり、実質的には辰野がトップに立って造家学会を牽引した。明治三十一年からは会長に就任し、学会の発展に努めた。

最初の会合は十九年三月十五日に行われている（曽禰達蔵「建築学会四十年の回顧」）。まさに辰野が工部大学校教授の職から離れていた時期と重なっている。辰野が旧東京大学勢力からはじき出されようとしたことへの反動として、工部大学校出身勢力を結集すべく、造家学会を立ち上げようとしたとも読める。ただし辰野らは、この学会を工部大学校・帝国大学出身の建築家及び建築学者だけの団体としてではなく、建築家、施工業者、建築関係の教員や学者の三位一体のものとして計画した。このことは、造家学会の学会誌名選定経緯からもうかがうことができる。

造家学会の学会誌の名称は、当初、「造家学会誌」「造家学会叢誌」「造家学会雑誌」と、「造家」の名を冠して提案された。しかし片山東熊が、この訳語は工部大学校によるもので一般には通じがたく、むしろ一般に通りのよかった「建築」の語を使うべきだと提言した。この学会は、大学を中心とするアカデミズムの会ではなく、施工業者を含む建築実務関係者が最初から関与しており、こうした人々を含めた会の活動内容を表すには、工部省訳語としての「造家」は限定的であり、より広く建設行為一般を示す「建築」の語が相応しい、と片山は考えたのであった。この提言を受け入れて、誌名は「建築雑誌」と定められ、学会名と学会誌名が一致しない不思議な状況が生じることとなった（日本建築学会蔵『決議録　自十九年五月至二十二年八月』）。

造家学会がこのような団体として作り上げられたのは、中心人物であった辰野にとっては留学時代に見たイギリス建築界へのアンチテーゼという意図に基づくものだったのだろう。建築家、技術者、施工業者の役割分担が明瞭なだけに、三者を横断する意識に欠けるイギリスのあり方は、新たに建築界が勃興した日本には相応しくない、と辰野は考えたはずである。大学卒業者による閉じたアカデミズムの会を形成するのではなく、建築に携わる幅広い人材が集う、日本独特の学会がここに造り上げられたのだった。

工手学校の創立

日本に西洋建築が数多く建てられるようになってくると、辰野をはじめとする建築家たちによる設計、監督の業務も多忙を極めるようになっていく。しかしながら帝国大学の卒業者数は限られており、彼らの多忙な業務を支える人材を育成しなければならなくなった。設計者でもなければ施工者でもない、建築界を支える中堅技術者が求められるような状況が生じてきた。

これは日本の工学界共通の課題であり、その解決のために工手学校が創設されることとなった。帝国大学総長渡辺洪基《わたなべひろもと》の発案により、工学各分野の中堅技術者を養成するための学校として、工手学校が明治二十一年二月六日に開校された。開校にあたっては工学会の常議員に諮《はか》り賛同を得ており、この常議員中に辰野も含まれていた。この学校は工学院大学として現在も続いている。なかでも辰野は特に創設に力を尽くしたという。同校造家学科の教務主任としてその教科課程を整備するとともに、経営にも関与した。この学校への深い関与にも、意匠のみならず技術面、施工面を一体として考える辰野の思想がよく反映されていよう。

他にも、東京高等工業学校と早稲田大学の建築学科創設に辰野は助力している。

議院建築問題

工学分野全体では旧東京大学勢が壁として立ちはだかり、辰野は苦境を強いられたのだが、実のところ建築分野に限れば東京大学勢はごく少数であり、時間とともに辰野は建築界の中核へと登り詰め、その枠組を自在に作り上げる活動ができるようになったのだった。しかしその辰野にも、敵対する勢力が登場した。妻木頼黄を中心とする官僚建築家である。妻木は、辰野の五期後に工部大学校造家学に入学したものの、中退して渡米し、コーネル大学で建築を学び、学士号を取得した人物である。辰野とは異なり、旗本の長男として江戸に生を受けている。帰国後は一貫して官庁営繕に身を置き、官僚建築家の親玉として影響力を振るった。

両者の対立が露見したのが、議院建築問題であった。辰野は終生、東京の三大建築を自ら設計することへの意欲を周囲に語り続けたという。日本銀行、東京駅、そして国会議事堂である。前二者は設計を手がけることができたが、当時「議院建築」と呼ばれた国会議事堂は存命中に建設されることがなかった。この「議院建築」に、辰野は特に執着した。工科大学造家学科での教育においてもそのこだわりが見られたらしく、第二学年のカリキュラムを丸々議院建築の学習と設計に費やしたという

（「回顧座談会」第二回）。

議事堂の建築は、大蔵省臨時建築部技師であった妻木を中心に、明治三十年代から設計案が練られ始めた。妻木らによる設計開始を知った辰野は、東京帝国大学出身の弟子たちを総動員し、設計競技の開催を主張する一大キャンペーンを張った。全身全霊をぶつけるような主張だったという。辰野らの主張は、日本にはすでに優れた建築家が育っており、広く民間建築家にも案を募るべき、というものであった。これには妻木の側からも、辰野や妻木といった主導的建築家が審査員の側にいるため、応募者はこれら一流の建築家を除いた者となり、必ずしも最良の案が得られないのではないか、といった言いがかりめいた反論が出された。

激しい応酬の結果、辰野らの主張する設計競技案は一旦退けられたのだが、大正五年（一九一六）に妻木が没したため、大正七年に設計競技が実施されることになった。しかし翌八年には辰野も続いて世を去り、自身が議事堂の建築を手がけることはなかった。設計は結局、設計競技の一等案を基にしつつも、臨時議院建築局の手によって実施されている。

ここには、宿敵妻木率いる政府営繕組織対東京帝国大学建築学科という建築界における対立の構図があるわけだが、同時に辰野が主導したグループの立場の弱さも見えることに注意が必要である。東京帝国大学を中心とする集団とはいえ、あくまでも民の立場から発信したもので、官の立場からの発信ではなかった。辰野のグループは、基本的に民の建築家集団というべきものだったのである。

辰野が描いた建築界

辰野が描いた建築界のあり方は、イギリス建築界を反面教師とした、建築家、技術者、施工業者が一体となった場であった。このあり方は、建築家だけを育成することによって西洋建築の形を移入しようという皮相なものではなく、設計から施工に至る建築に関わる行為全体を日本に根付かせるべく、その土台となる実施主体を総合的に育て上げようとする骨太なものであった。

辰野のこうした思いは、造家学会において結実した。しかし辰野の影響力は、必ずしも建築に関わる全領域に及ぶものではなかった。その活動は、建築に関わる人々の中で最有力の勢力ではあっても、あくまでも限定されたグループにおける活動であった。辰野は、工部大学校卒業者による建築界を新たに打ち立てようとしたのである。けれども、依って立つところの工部省はすでにない。辰野はいわば亡国の将として、自らが造り上げた民の建築界を背負っていったのだった。

第五章 〈美術建築〉を目指して

帝国大学工科大学造家学科において辰野が在籍していた時期に行われた建築教育は、ボザール的なものだったと言われている。フランスの美術アカデミーであるエコール・デ・ボザールでの教育に代表される、芸術としての建築に重きを置いた教育、という意味である。明治二十五年（一八九二）に工部大学校を卒業した伊東忠太は、当時の辰野が語っていた教育方針を次のように伝えている。

「凡そ建築は一面に於て芸術であり他面に於て構造を研究する学問である。構造の方は数理で押して行くから解決に難くないが、芸術的方面は理屈では行かぬから六ヶ敷《むずかし》い。今日の建築の欠点は芸術方面が遅れて居ることである。諸君はこの点に注意せねばならぬ。」

（伊東忠太「法隆寺研究の動機」）

辰野はこうした建築教育のキーワードとして、〈美術建築〉という言葉を用いている。辰野の主張する〈美術建築〉という概念を正面から受け止め、その建築観の根幹に据えていくことになる伊東は、卒業論文「建築哲学」の冒頭で、辰野の建築観を語っている。

「之ヲ工学博士辰野金吾先生ニ聞ク、曰ク、凡ソ建築ノ学術ヲ修ムルニ其目的トスベキモノ凡テ七アリ。而シテ其尤モ高尚ニシテ且ツ趣味アルモノハ独リ美術建築ヲ推ス。然レドモ本邦今コノ科目ヲ専修スル建築士アルコトヲ聞カズ。コレ吾人ノ深ク遺憾トスル所ナリト。」

（伊東忠太「建築哲学」東京大学大学院工学系研究科建築学専攻蔵）

〈美術建築〉という言葉は、字面からすれば美術としての建築、あるいは芸術としての建築、ということのように見える。すなわち、様式的側面に重きを置いた建築観である。ボザール的な建築教育、という評価もそうした理解から出てきたものであろう。もちろんそうした面はあるのだが、辰野の活動を追うと少し異なるニュアンスで用いられているように思われてくる。例えば、辰野の経歴の中に美術関係の団体での講演や美術教育への関与など、美術家との直接的な交流が頻出する。建築様式への関心を明らかに超えて、美術界に深く関与しようとしているのである。辰野の経歴の中で、これまであまり顧みられなかったことがらであるが、ここに辰野の建築観の根幹をなす〈美術建築〉の内容を理解する鍵があるはずである。

工部大学校において工学的興味から造家学の道へと進んだ辰野が、教育においては芸術面に大きく舵を切ったのは、これまで述べてきた通り、工部大学校卒業後のイギリス留学及びグランド・ツアーの経験を契機としている。本章では、〈美術建築〉の概念をめぐって、辰野がヨーロッパで学んできたこと、そして帰国後の建築界、美術界における諸活動を追い、この概念によって辰野が何をなそうと試みていたのかを明らかにしていく。

1　〈美術建築〉との出会い

〈美術建築〉とは

〈美術建築〉とは、art-architecture の訳で、辰野が留学していた時期のイギリスで用いられていた建築観である。第三章で述べたように、当時のイギリスはヴィクトリア朝の中期から後期に移り変わる時期で、中世を礼賛する意識から出たゴシック・リヴァイヴァル華やかなりし時であった。建築には鉄やガラスといった新しい材料が徐々に用いられるようにはなっていたものの、意匠に関しては歴史的様式に倣って設計する歴史主義が今もって主流であった。

中世礼賛の思潮は、この時代における手仕事の賞賛へと結びついていく。ジョン・ラスキンは『ヴェネツィアの石』を執筆し、中世の名も無き職人たちによる手仕事に対して賛辞を贈った。この思想に影響されてウィリアム・モリスは、十九世紀末より、生活と芸術が堅く結びついていた中世の手仕事に価値をおくアーツ・アンド・クラフツ運動を展開させていく。

図5-1　カーディフ城（バージェス設計，カーディフ，1865-1881年）

こうした時代の中で建築は、人の手が造り出す精度の高い美術的な装飾が施されることで完全性を獲得することが改めて重視されるようになった。このあり方こそが、当時の建築家が語る〈美術建築〉である。〈美術建築〉は、建築家一人の手になるものではなく、絵画を専門とする画家や、彫刻を専門とする彫刻家らによる装飾が施される必要がある。

辰野の師バージェスは、当時の理想を体現した代表的な建築家であり、自らを〈美術建築家（art-architect）〉と標榜していた。彼の作品は、独力ですべてを造り上げたものではなく、装飾から家具・調度品に至るまで、さまざまな画家や彫刻家との共同によって完成されている。

バージェスの代表作カーディフ城

バージェスの〈美術建築〉の代表作はカーディフ城である（図5-1）。城内には室毎に物語性が与えられ、精巧で具象的な絵画及び彫刻、そして色彩豊かな装飾パターンで埋め尽くされ、まるで異世界に紛れ込んだかのようである。これらの装飾を手掛けたのは当代一流の画家や彫刻家である。

例えば、カーディフ城の時計塔内に設えられた「夏季喫煙室」

図5－2　カーディフ城夏季喫煙室

〈図5－2〉のシャンデリアは、ヴィクトリアン・ゴシック彫刻を代表するジェームス・フランク・レッドファーン、壁画はバージェスのチーム・メンバーとして多大な貢献をしたオラティオ・ウォルター・ロンスダールとフレッド・ウィークスによる。けれども、この壮麗な装飾のデザイン自体はバージェスによるもので、彼自身が詳細に描いて案を示し、それに基づいて彫刻家や画家による制作が行われた。つまり、〈美術建築〉の建築家は、オーケストラにおけるさまざまな楽器の特性や音域に精通し一つにまとめ上げる指揮者のような存在にたとえることができるだろう。したがって、〈美術建築家〉は先ず精確なデザイン案を描けなければならない。画家や彫刻家にその案を提示し、彼らはその案に沿いながら仕事を進め、〈美術建築〉が完成するのである。

未公刊史料「辰野金吾氏演説」

第三章で述べたように、辰野がバージェスから受けた影響は、建築設計の実務にとどまらず、建築哲学に至るまでの幅広いものであった。その根幹をなすのが、〈美術建築〉の概念である。バージェスからの影響についてはいろいろな史料からうかがえるのだが、〈美術建築〉観を学んだことについて直接語られたものは知られていなかった。しかし、このことに辰野が直接言及した

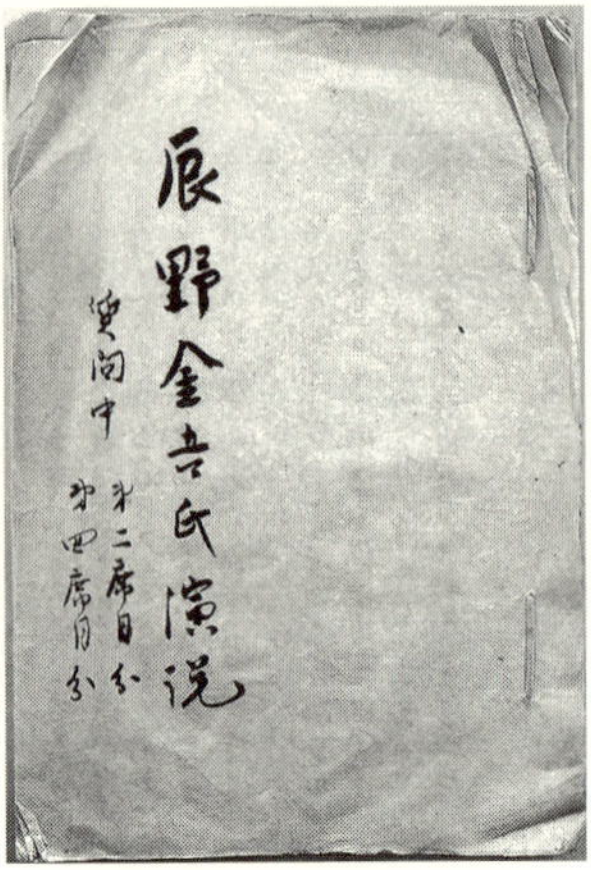

図5－3　「辰野金吾氏演説」
（辰野家蔵）

史料（図5－3）が、辰野家から見つかった（河上眞理「未公刊史料『辰野金吾氏演説』——辰野金吾の〈美術建築〉観」）。

その史料は白紙の和紙を糸綴じした冊子で、「辰野金吾氏演説／質問中　第二席目分／第四席目分」（以下「演説」と略記）と墨書されている。演説した日時場所などは記されていないが、本文の記述内容より、明治二十三年（一八九〇）六月十一日に開催された造家学会通常会での講演に対する質疑であることがわかった。この時の講演は、高山《たかやま》幸治郎《こうじろう》の「建築外部装飾ノ話」、久留正道《くるまさみち》の「衛生並不衛生家屋比較報告」で、その質疑として辰野は長々と自説を開陳したものである。高山の講演は後に『建築雑誌』に掲載され、久留の講演は掲載されなかったが、辰野の「演説」後半の内容は久留の演題と合致するので、辰野の「演説」は二人の講演に対する質疑であることがわかる。辰野の質疑であるこの「演説」も同誌に掲載されていない。

高山は古典建築の「建築外部装飾」は建築における美術の応用であると述べるのだが、古代ギリシャ建築を起源とするオーダーの名前を挙げるだけで、具体的な応用例に全く言及していない。それで、辰野は質疑の場で自説を開陳したのだろう。

さて、史料の本文は十七頁分からなり、前半の八頁分が〈美術建築〉に関する部分である。辰野は挨拶に続き、次のように始める。

「（前略）予も実に美術建築については、熱心家の一人にして、（中略）建築に美術の必要なることは、とくに之を感じ、又必要ならざるべからずと考へたるなり。而してこの美術建築について、左る感覚を起こしたるの起因は、実に諸君には嘗て会ひ玉はざらめと思ふほどの大困難を、不肖金吾の身になめたる事あるより、建築には美術の応用なかるべからずとまでに感じたる所以にして、是れにつき予の来歴を聊か述ぶる所あらんとするなり。即ち壮年時の恥かき話しを述べて美術の必要なる所以を述べん。」

辰野が「予も実に美術建築については、熱心家の一人」であると表明しているのは高山の講演を受けているからである。辰野はバージェス流の〈美術建築〉という建築観を吸収し、それを理想とした「熱心家の一人」と自認し、建築には美術が必要であると力説した。さらに辰野はもう一歩踏み込んで、建築と絵画との共存を〈美術建築〉の理想に掲げ、〈美術建築〉が実は人物画に基礎を置くものであることを述べる。人物画は、美術の中でも最も建築から遠いものに思われる。なぜ辰野はこのような主張をしたのだろうか。「辰野金吾氏演説」の内容を詳しく見ていこう。

人物画の習得と〈美術建築〉

バージェスに就いて学び始めて「一年後」（実際には八ヶ月以内、筆者注）、辰野はバージェスに尋ねられたという。

「御身は人間を画きしやと、予は否嘗て画かずと答ふ。写生画は如何に、それも又教へられざれば、画かざるなり。爰に於て氏は予に頻りに忠告して、人物画をゑがくを勉めよ、左らずば美術建築の何物たるを解すべからずと、予又答へて曰く御言葉は御尤もの事かなれども、惜い哉予が学資固より限りありて、左ることを学ぶの余裕なしと。」

辰野はバージェスに人物画と写生画の経験を尋ねられて、そうした経験はないと答えると、バージェスは人物画を描くことに努めるように、そうすれば〈美術建築〉がどういうものなのかを理解できると熱心に忠告したという。辰野は「御言葉は御尤もの事」だが、「学資固より限り」があるので、人物画や写生画を学ぶ余裕はないと答えると、バージェスは「よし学べよ、奮て学ぶべし」と、辰野自身のために月謝を払うことを約束し「今より画学教師について奮勉せよ」と勧めたという。そうして辰野はバージェスの言葉に従って、「夜学を其画学校に就いて切磋」したという。

バージェスの資金提供によって辰野が人物画を学んだという事実はこれまで全く知られていなかったことである。身銭を切ってまでも弟子に人物画を習得させようとした「建築学者バルヂス氏」は、辰野にとって一生涯、敬慕してやまない師であり続けただろう。

辰野が通学した夜間開校していた画学校がどこだったのかはわからない。ロンドン大学及びロイヤル・アカデミー・オブ・アーツにおいて建築学を修学していたので、画学校は後者と関係があった学校かもしれない。

その画学校において絵画を学んでいたのは「花の如き貴婦人」や「紳士」であったという。一八五一年のロンドン万国博覧会以後、イギリスにおいては画家や彫刻家など専門家教育のためではなく、広く一般に美術教育の効用性が提唱されたが、こうした思潮の下で、必ずしも専門家を目指すのではなく、教養や趣味といった観点から絵画を学ぶ人々に混じって辰野は絵画を学んだのだろう。

そこで初めて木の葉を描くという、恐らく写生をした時の思い出が述べられている。辰野は「奈何にしてもその葉の輪郭を書く」ことができず、描かずにいると、教室内の紳士貴婦人らが辰野を囲んで「目ひき袖ひきコソコソと笑ひき」という状況に置かれ、辰野は胸が「張り裂く思ひ」であったと述べている。しかし辰野は「日夜汲々として」自身で努力を重ね、漸く「人物位は画き得るに至」ったが、教師がいなければならないと考え、教師にくらいつきながら益々勉強に励み、人に笑われるという憂いがなくなったという。辰野は続ける。

「美術は建築に応用されざるべからず、と深く心に彫んで、眼前常に悦として忘るる能はざるなり。故を以て深く爰に諸君に対して、御注意を致しおきたきは右の人物画の専にして、建築家にして、苟くも美術の応用を施さんとすれば、必ず人物画を学ばるべきなり。人物さへ容易に出来得れば、草木山水の画、亦何にかあらんや。左れば人物画に妙なるものにして、草木山水の自由に画かれざるはなく、たとひ草木山水に巧なるも、人物画に至りては更に画く能はざるは、画法の原則なれば、美術建築家たらんものは、よくよくそのつもりにて勉めざれば、その目的を過まるの恐れなしとせざるなり。
右は即ち予の実験上より得たる話にして、実にその身、その局に当たりて、知り得たる大関係の応用美術論なり。必ずづ《(ママ)》ざんのものとな認め玉ひぞ。」

辰野は「美術は建築に応用されざるべからず」と「深く心に彫んで」常に忘れてはならないという。そして建築に美術を応用しようと思う建築家であるならば、「必ず人物画を学ばるべきなり」と造家学会員に説く。人物を容易に描くことができれば、草木山水の画は言うまでもなく描けるものであり、人物画に優れる人が草木山水を自由に描けないということはない、逆に草木山水は巧みに描けても人物画を描けないというのは「画法の原則」なので、〈美術建築家〉たる者は、「よくよくそのつもりにて勉めざれば、その目的を過まるの恐れなしとせざるなり」と人物画習得の必要を力説する。辰野はバージェスの考えを引き継ぎ、建築教育において実践していくのである。

グランド・ツアーでの〈美術建築〉への関心

さて、第三章で見たように、辰野はグランド・ツアーにおいて多種多様な建築を実見した。その軌跡である『滞欧野帳』には一棟の建築全体を描いたスケッチはなく、窓、扉、暖炉、煙突などの西洋建築のデザインの根幹をなす開口部のスケッチが大多数を占める。辰野は機能と装飾が共存する部位に重要性を見ていたのだろう。とりわけ装飾に関しては、絵画や彫刻が建築に溶け込んで一体をなしているもの、つまりバージェス流の〈美術建築〉と同種の建築の姿に注目していたことがわかる。

『滞欧野帳』第四巻の一八八二年八月十八日の年記のある5葉オモテ、及び6葉オモテに描かれたアミアン大聖堂後陣の装飾スケッチはその好例である。これは後陣左側三つめに位置する聖オーギュスタン・ドゥ・カントールベリー礼拝堂内の装飾である（口絵五頁）。5葉オモテは、タピスリー様のもので壁面を覆っているように見せる、一種のだまし絵による壁面装飾が、6葉オモテは、ステンドグラスの窓を模して描かれた壁面装飾が模写されている。

この礼拝堂は一八五三年及び一八五四年に訪問したナポレオン三世及びウージェニー皇妃の寄付により建立され、ヴィオレ・ル・デュクのデッサンに基づいて装飾されたものである。実際に装飾を制作したのは、彫刻家のデュトワ兄弟（エイメ及びルイ）、画家のアレクサンドル・ドミニク・デヌエルである。辰野がこうした情報を知っていたか否かについての判断はつかないが、数少ない彩色スケッチの二点がこの礼拝堂装飾に費やされていることからすると、辰野はここで実現された建築と絵画の調和、トロンプ・ルイユとも言える壁面装飾に瞠目したことは確かである。師バージェス以外にも、〈美術建築〉の例があることを辰野は確認しただろう。

イギリス留学と、引き続くグランド・ツアーにおいて、辰野は〈美術建築〉という建築観に触れ、その具体的な姿を嚙みしめるように見て歩いた。この経験により、辰野は建築と美術の双方を一つの視野に収める姿勢を保ち続けるようになっていく。

2　辰野金吾と美術界

欧州留学から帰国した辰野が、工部省と工部大学校に奉職しながらも、廃省と大学の改組に巻き込まれて激動の時期を送ったことは先述の通りである。この時期、辰野が建築界にさまざまな働きかけをしたことはこれまでも知られていた。

その一方で、同時期に辰野は美術界においてもさまざまな運動をおこした。明治十八年頃の工部美術学校旧蔵の石膏像の保存運動、明治二十年の西洋画教育の建議書の提出、明治二十二年五月に設立された明治美術会での活動である。これらの活動は建築史学においても、美術史学においても等閑視されてきた事項である。一見ばらばらに見えるこれらの運動は、実は〈美術建築〉の実現という一点において重なっているのである。以下、具体的に見ていこう。

工部美術学校の開校と廃校

工部大学校には、工部美術学校という日本初の官立西洋美術教育機関が附属していた（河上眞理『工部美術学校の研究――イタリア王国の美術外交と日本』）。明治九年十一月六日に開校したこの学校が工部省という役所に設けられたのは少し奇異に感じられるかもしれないが、これは明治六年のウィーン万国博覧会で日本の美術工芸品が好評を得たため、殖産興業政策の中に美術を位置付けようとしたことによる。

工部大学校の教員はイギリス人が多数を占めていたが、工部美術学校の教師はイタリアから招聘することになった。当初、画学、彫刻学、家屋装飾術の三科の設置が目論まれ、画家のアントーニオ・フォンタネージ、彫刻家のヴィンチェンツォ・ラグーザ、建築家のジョヴァンニ・ヴィンチェンツォ・カッペッレッティの三名が教師として来日した。画学、彫刻学、家屋装飾術は、今日風に言えば、絵画科、彫刻科、家屋装飾術科となるのだろうが、当時はこれらの名称を専門的な学科の意味で使用していた。

来日した彼らは、当時のイタリアの美術アカデミーで行われていた正統な美術教育を、やはりイタリアやフランスで使用されていた教材や画材などによって実施した。彼らの下で学んだ者に、画家の浅井《あさい》忠《ちゅう》、松岡壽、曽山幸彦《そやまさちひこ》（後に大野《おおの》義康《よしやす》に改名）、山下りん、彫刻家の大熊氏廣《おおくまうじひろ》、藤田文蔵《ふじたぶんぞう》などがいる。言うまでもなく、工部美術学校は近代日本の美術の展開において重要な意味をもっている。

だが、開校から六年を待たずに閉校が議論され、明治十五年十二月には閉校、翌年一月二十三日には廃校となった。辰野がまだグランド・ツアーでイタリアに滞在していた頃である。工部大学校が帝国大学工科大学へと継承されていったのに対し、工部美術学校は後継の官立学校を持たず、国策としての西洋美術教育はここに断絶することとなったのである。その理由は複数推察できるが、工部美術学校での教育が、応用美術や商業美術を担う人材の育成という明治政府の所期の目的に適っていないと判断されたことが大きかったと考えられる。

工部美術学校石膏像の保存

工部美術学校が廃校に至るまでに、さまざまな事務手続きが行われた。まず、明治十五年六月末日に彫刻学が先行して廃され、教場で使用されていた教材、彫塑材料などの備品類が順次処分されていった（国立公文書館蔵「工部省 美術、自明治九年至同十五年」『大政紀要一 第一巻』）。

工部美術学校の授業の様子を伝えてくれる松岡壽画の《教場風景》は、和服姿の画学の学生が石膏デッサンをしている様子を描いたものである。この絵に描かれている教材としての石膏像は、明治十六年一月二十三日に画学生徒に修業証書を授与し廃校になった直後に、工部大学校博物館に移管された。これらの石膏像は、現在では東京大学大学院工学系研究科建築学専攻の所蔵となっている。工部大学校博物館から造家学へと移管されたはずなのだが、この間の経緯は不明なままだった。しかし、この移管は辰野の主導によるものだったのである。

大正三年（一九一四）の「建築学会大会講演」において、会長の辰野は「開会の辞、附所感」を述べている。この中に次のような一節がある。

「並び当時如何に美術思想が貧弱であつたかと云ふ一例を御話して見やうと思ふ、今帝国大学建築学科の標本室に備へてある石膏像標本の大部分は、（其後特に蒐められたものもあるか知れぬが）、元工部省管轄の美術学校の備品であつた、其美術学校の廃止後之を元の工部大学校が譲り受けて博物所に陳列して居つたのである、所が工部大学校の末路に是等の標本は悉皆不用品となつて、之を公売に付して二束三文に売却しやうと云ふ議が起つた、其当時丁度私は職を工部大学校に奉じて逸早く之を耳にしたから、其石膏像と共に他の雛道具類を無償で之を建築学科に引受けたのである、即ち今工科大学建築学科教室の標本に陳列してある所のものである、（中略）当時に如何に社界《（ママ）》の美術思想が浅薄であつたかは此一端を以ても推して知ることができやうと思ふ。」

石膏像は工部美術学校から工部大学校博物館に移管されたものである。しかし工部大学校が帝国大学工科大学に改組される際に、これを「不用品」と見なし、「公売に付して二束三文に売却しやう」としたといい、辰野は美術思想が貧困だったと批判的に見ている。そして、工部大学校に奉職していた辰野が運動した結果、石膏像は造家学の所管に移された。これが、帝国大学への改組後に工科大学造家学科に引き継がれ、現在に至っているのである。なぜ辰野が工部美術学校旧蔵の石膏像を引き受けようとしたのかと言えば、これらの石膏像そのものに価値を見出すとともに、〈美術建築〉教育に必要不可欠な自在画や写生画をするにあたって、石膏像は教材となると見据えてのことだったのだろう。これらの石膏像はその後、一九九〇年代に至るまで、東京大学工学部建築学科におけるデッサンの教材として使われ続けた。

西洋画教育の建議書

絵画や彫刻が一体となった〈美術建築〉実現のために、建築を学ぶ者にも石膏デッサンが必要だと考えていた辰野は、当然、〈美術建築〉のパートナーとして洋画や西洋彫刻を専門とする新たな人材の育成の必要も感じていただろう。だが、工部美術学校の廃校によってその道は絶たれてしまったばかりでなく、西洋美術排斥の機運も起こってきた。この頃より日本の美術界では、明治十一年にアメリカから来日した御雇い外国人のアーネスト・フェノロサと、その学生で文部官僚となる岡倉覚三《おかくらかくぞう》（天心《てんしん》）を中心に伝統回帰が唱えられるようになり、西洋美術は脇に追いやられようとしていた。けれども、辰野は彼らの活動に立ち向かっていく。

フェノロサは東京大学で政治学、哲学などを講じる一方で、日本美術の優秀性を唱え、龍池会の活動に加わり、やがて狩野芳崖《かのうほうがい》らと和洋折衷の新たな日本画の創出を目指した。龍池会とはウィーン万国博覧会で事務副総裁を務めた佐野常民《さのつねたみ》を中心に明治十二年に結成された美術団体で、貿易品としても有効な日本の伝統美術育成を唱え、明治二十年には「日本美術協会」と改称し、現在に至る。彼らは日本画壇の保守派（旧派）を形成することになる。

明治十七年、フェノロサは岡倉覚三らと新たに「鑑画会」を発足させ、同時代作品の展覧会を開催して、従来の画派に制約されない制作を奨励し、これが日本画壇の「新派」となって東京美術学校の設立へと発展していく。明治十九年に岡倉とフェノロサは大阪・奈良の古美術調査を行い、日本の伝統美術の枠を実見することによってその保護育成を痛感した。また同年に美術教育行政に関する欧米視察を行うことによって、日本の美術教育の進むべき方向性を確認した。彼らの報告を基に、翌年には東京美術学校を設置することが決定した。そして明治二十二年二月に官立の東京美術学校（現、東京藝術大学）が開校する。ここでは日本の伝統的な美術・工芸育成を目的とし、「絵画科」は日本画、「彫刻科」は木彫のみが教育され、西洋美術の教育は皆無だった。

この最終決定がなされる前に、実は西洋美術及び西洋建築擁護派の反対運動があったことを、金子《かねこ》堅太郎《けんたろう》宛のフェノロサ書簡からうかがい知ることができる（村形明子編訳『ハーヴァード大学ホートン・

ライブラリー蔵　アーネスト・F・フェノロサ資料』第一巻）。フェノロサらが欧米視察から戻ってきたところ、美術教育において日本の伝統を重視する意見を持っていたはずの文部大臣森有礼の態度が豹変しており、それは「外山一派」の運動の結果だとフェノロサは理解した、ということが記されている。「外山一派」とは、文科大学学長外山正一《とやままさかず》、理科大学教頭谷田部《やたべ》良吉《りょうきち》、フランス留学を経て文部省に奉職していた建築家の山口半六、画家で海軍主計官の下條正雄《しもじょうまさお》、駐日イタリア公使レナート・ディ・マルティーノである。彼らは「日本の建築と美術はヨーロッパそっくりの外国式でなければならず」と主張し、フェノロサらの日本美術に力点を置いた美術教育計画を批判したのである。フェノロサは金子宛の書簡において、こうした動きを強く批判している。

　同書簡に次のような一文がある。

「海外に留学した日本人青年建築家の会が、我々の建築観が根本的によくないという理由で、我々を辞めさせるよう政府に請願しようとしているそうです。」

　この「海外に留学した日本人青年建築家の会」とは、辰野金吾と山口半六の二名のことである。明治二十年十二月、一通は山口単独で、もう一通は辰野と山口の連名で、東京美術学校において西洋画を教育すべし、とする建言書が森有礼文部大臣宛に提出された。その草稿が、工部美術学校で学んだ小山正《こやましょう》太郎《たろう》旧蔵資料中に含まれるものであることから、小山ら同校出身の洋画家たちと情報を共有した上での建言であることがうかがえる（瀧悌三『日本近代美術事件史』）。

ここでは建築については触れず、東京美術学校における美術教育において、日本美術のみにかたよらず、東洋西洋を問わず広く教育すべきことを述べている。

辰野と山口がこの建言書を出したのは、フェノロサらが日本における西洋建築の建設を強く批判したことに反感を覚えたことにもよろう。しかし、あくまでも建築家が美術教育における西洋の視点の保持に固執したことに大きな意義がある。明らかに、〈美術建築〉を日本に実現する上で、西洋美術の教育を欠くことはできない、ということを辰野らは主張したわけである。

工部大学校造家学における自在画の設置

日本の美術界では西洋美術排斥運動が隆盛しつつあったが、辰野は自身が奉職した工部大学校において、〈美術建築〉を日本に実現すべく教育課程の改編を試みている。

辰野が教授に着任する以前の工部大学校の「カレンダー」には、講義実施項目として「図画（drawing）」の科目が記されている。初年及び第二学年に図学の基礎から開始し、幾何学、遠近法などを学び、第三、四学年ではそれぞれの専門に直結した内容に進み、造家学であれば、建築の製図へと段階的に教科内容を深めるべく課程が組まれていたことがわかる。初年及び第二学年の教育内容には、基礎自在画（elementary freehand drawing）も含まれているが、これは予科、すなわち専門科に分かれる前のカリキュラムであり、造家学に必要な人物画と写生画といった具体性を帯びたものではなかったと考えられる。

明治十七年十二月二十日にコンドルの後任として工部大学校教授に就任した辰野は、翌年度の年報である「工科大学年報　起明治十九年一月止同年十二月」に以下のような報告をしている。

「造家学教授辰野金吾申報
謹テ左ニ明治十八年四月ヨリ同十九年三月ニ至ル一学年ニ於ケル造家学科授業ノ要領ヲ報告ス（中略）冬期ノ初メニ於テ博物場掛曾山幸彦氏（旧工部省美術学校卒業生）ニ第三第四年生徒ノ自在画及写精画《ママ》ノ教諭ヲ依托セリ要スルニ是レ家屋ヲ意匠スルニ当リ之レカ考案ヲ下シ或ハ「スケッチ」ヲ試ミルニ容易ナラシムルノ一助トスルニ因レハナリ但シ欧州ニ於テハ自在画及写精画ニ係ル時習《ママ》ハ造家学中最モ必要ナル科目トセリ（後略）」

この「申報」は、明治十八年四月から明治十九年三月までの工部大学校造家学授業の要点の報告である。「冬期ノ初メニ」というのは、冬期は十月から三月までの期間なので（『東京大学年報』）、工部大学校時代の明治十八年十月から、曾山幸彦が三年生及び四年生の「自在画」及び「写精画《ママ》」の教育を始めたことを意味する。これらの科目は、建築デザインをするにあたり、考案したことを「スケッチ」するのを容易にする「一助」となるもので、ヨーロッパでは「造家学中最モ必要ナル科目」であると報告している。

曾山は工部美術学校の三人目の絵画教師で厳格な教育を行ったアキッレ・サンジョヴァンニの信頼

を得て、明治十三年十月から画学助手を務めたが、サンジョヴァンニは曽山も含めて十五名の画学生徒に卒業証書ではなく、修業証書を与えた。したがって、文書中に「旧工部省美術学校卒業生」とあるのは誤謬である。同校で修学後、工部省御用掛を拝命し、工部大学校図画教場掛兼博物場掛に奉職していた曽山を、工部大学校造家学の教育現場に呼び寄せたのは辰野だったのだろう。

曽山が工科大学において教育をしていたことは知られているが、具体的に何を教えていたのかについてはわかっていなかった。本史料から、曽山は工科大学造家学科において自在画及び写生画を教えたこと、そしてその教育を導入したのは辰野金吾だったことがわかる。

曽山（大野）に自在画を学んだ長野宇平治は、次のように回顧している。

「大野先生から自在画を習った、生まれて初めて自在画を習ったと云て《ママ》宜い位だ（中略）都合の善いことには大野先生の教授の方法たるや親切丁寧を極めたもので、曩日の不完全をば幾分取り復したようなものであった。」

（『工学博士長野宇平治作品集』）

長野は曽山以前にも自在画を習っていたのだが、「生まれて初めて自在画を習った」と言ってもいいほどに、懇切丁寧な曽山の教育によって自在画を理解したことを伝えている。

だが曽山は明治二十五年一月十日に腸チフスで急逝してしまう。その後を引き継いだのが、辰野の親友松岡壽である。松岡の自筆年譜には、同年二月十日「本学年中工科大学造家学科装飾画及自在画授業ヲ嘱託ス」と記されている。その後の年譜には、年毎に工科大学講師を「嘱託ス」と「解ク」の記載が複数あり、明治三十六年三月三十一日「東京帝国大学工科大学講師嘱託ヲ解ク　授業勉励ニ付百圓ヲ給ス」をもって最終となっており、およそ十年間教育に関わった。明治三十五年十二月二十九日に辰野が東京帝国大学教授を辞職した後、松岡も同大学を去った。

辰野は自在画及び写生画の習得が、建築デザインのアイデアの「「スケッチ」ヲ試ミルニ容易ナラシムルノ一助」となること、そして欧州では「造家学中最モ必要ナル科目」であると説いている。〈美術建築〉に必要と説いたバージェスの教えを引き継いで、辰野も自らの教育において実践を試みたということを意味する。

さて、松岡の日記を読むと、その自在画の授業でしばしば「上野徳川家霊屋」を訪れ、学生に写生させていることがわかる。明治三十四年十一月の日記の欄外に次のように記している。

「霊屋の写生を見るに孰れも皆ペルスペクチーブを誤り居れり　建築専門而も三年生にして此事あるは実に解し難き事なれども畢竟平素自在画を軽視して居るが為メ視解力乏しきに因るならむ。」

建築を専門とする学生が三年生にもなって、パースペクティブ（透視図法）が間違っていることを「実に解し難き事」と苦言を呈し、平素から自在画を軽視しているために観察する力が乏しいのが原因だという。自在画を重視する松岡の考えは辰野と共通しており、それ故辰野は松岡に自在画の授業を任せたのだろう。
バージェスの薫陶を受けたように、辰野も学生たちに自在画と写生画を学ばせた。しかし、学生は必ずしも辰野が期待していたような姿に育ってはいなかったようだ。明治三十年代半ばには、ボザール的な建築教育の時代は終焉を迎えつつあったのかもしれない。

自在画教育の重要性

だが、〈美術建築〉教育において自在画を重要だとする辰野の考えは、晩年になっても変わらない。先に挙げた大正三年の「開会の辞、附所感」で、次のように述べている。

「日本の建築教育は元工部大学（ママ）に於て開始された為めか最初は比較的構造学の方に偏して居る嫌ひがあった、従って美術方面の教育は甚だ不完全であった、其結果将来日本では美術建築と云ふものは見ることが出来ないで、所謂工場的建築のみができるであろうと窮に心配した時代もあった、換言すれば一時殆ど社会から美術的建築物の価値を認められぬ極めて哀れな時代もあったのである。」

辰野は工部大学校における建築教育において、「美術方面の教育」すなわち自在画や写生画などがなされていなかったことを述べている。そして、それゆえに〈美術建築〉と言えるような建築はできず「工場的建築」ばかりが建つということを憂えていたとも言う。「工場的建築」とは装飾のない簡素な建築ということだろう。だからこそ、辰野は自らの建築教育において自在画と写生画を学ばせたのである。

明治美術会と辰野

辰野の思いは、建築教育だけに留まらず、美術界との連携へと向かった。その活動の核となったのが、明治美術会の運営への関与であった。

明治二十一年八月十八日、辰野は日本銀行新築取調のための欧米巡回に発った。辰野の出張と入れ替わるように、明治二十一年十月、松岡壽がイタリアより帰国した。前年に東京美術学校が設立され、開校は間近に迫っていた。松岡の帰国歓迎の場は、洋画家たちの大同団結の場となり、明治二十二年五月、日本最初の洋画家団体である明治美術会が組織された。松岡をはじめ、小山正太郎、浅井忠、高橋源吉《たかはしげんきち》などの工部美術学校の同窓生、並びに松岡と時を同じくしてヴェネツィアで彫刻を学んだ長沼守敬、ヴェネツィアでの先輩格にあたる川村清雄《かわむらきよお》など、西洋派の人々、とりわけイタリア派の人々が中心になって明治美術会は組織されたのだった。イタリアから帰国したばかりの松岡に期待されるものは大きかっただろう。

松岡に誘われたのだろうか、辰野は帰国前月の明治二十二年九月に明治美術会に入会し、評議員となった。しかし、これまで見てきたように、辰野は松岡の帰国以前から、〈美術建築〉の実現のために、日本の美術界においてさまざまな運動を起こしていた。だから明治美術会への入会も、やはり〈美術建築〉の実現に寄与するだろうという辰野自身による判断の下に行われたのだと思われる。明治二十六年から三十一年までは幹事、三十二年からは副会頭、三十三年には会務委員長とさまざまな役職に就き、明治美術会の運営に尽力している。

明治美術会設立時に定められた規則に「美術学校を設立し後進を誘導する事」とあり、明治二十五年一月から本郷龍岡町の事務所に美術教育のための教場が置かれた。絵画科の教員には松岡壽や浅井忠など八名が、彫刻科は長沼守敬や大熊氏廣など三名が担当した。初年度の入学者は二十三名あったという。三年制で、図学、遠近法、解剖学、臨画、模写などで基礎を固め、写生塑像半身は三年次、写生着色は三年後期に学ぶように定められていた（青木茂「『明治美術会報告』解説」）。欧米の美術アカデミーと同様に、教師及び生徒の作品展も開催し、小規模ながらも本格的な教育が行われた。

明治二十七年十月、教場を小石川表町に移し、明治美術学校に改称された際、辰野はその校長に就任し、明治二十九年五月（『工学博士辰野金吾伝』では八月）に閉校するまでその任を全うしている。辰野と明治美術会との関係についても、建築史学の観点からは等閑視されてきたのだが、辰野にとって明治美術会は〈美術建築〉を実現するために必要な美術家との交流の場であり、そしてそのための人材育成が念頭に置かれていたのだろう。

「フレスコニ就テ」

明治二十五年の明治美術会第十七回の会合において、辰野は会員及び美術関係者たちを前に「フレスコニ就テ」という講演を行っている。辰野は、「建築ト云フモノハ（中略）コノ彫刻或ハ絵画等ノ美術トハ兄弟姉妹ノ間柄テアリマスカラシテ建築学ヲ遣リマスモノハ必ス此美術思想カ無クテハナラント云フハ当然」と述べている。フレスコ画を例に、将来の日本の建築における装飾の必要性、そしてそのための人材が育つことを期待し、洋画家を鼓舞している。ここにはバージェスに学んだ〈美術建築家〉の思想が見える。続けて、「「フレスコ」ト云フ粧飾術ハ美術家の手ニ成ルモノ」について講演することになった理由を述べている。これまでに日本の画家がフレスコ画について、研究あるいは講演をしたということを聞かない、それで、「私ガ會テ伊太利留学中取調ヘテ置キマシタコトヲ演《の》ヘテ諸君ノ御注意ヲ促ガシ又タ将来此術ヲ充分研究遊ハサレシコトヲ欲シ」たのだと説明している。

第三章で触れたように、辰野はグランド・ツアーで訪れたローマにおいて、松岡壽とともにフレスコ画で有名な建築を見学していることが松岡の日記から判明している。明治十六年三月二日、ローマに滞在していた辰野は松岡と工部大学校の同期の志田林三郎とともに、フレスコ画を見る目的で、"Piazza Falnesiora《（ママ）》（ファルネジオーラ広場）"に出掛けたという。この名称の広場は存在しないので、誤謬である。彼らが行った先は、ローマを代表するフレスコ画作品があることで有名なパラッツォ・ファルネーゼ（Palazzo Farnese）、もしくはヴィッラ・ファルネジーナ（Villa Farnesina）のどちらかだろう。

駐伊フランス大使館として使われている前者には、十六世紀の画家フランチェスコ・サルヴィアーティ、タッデオ・ツッカリによるファルネーゼ家の栄華を物語る壁画で埋め尽くされた部屋や、アンニバーレ・カラッチがドメニキーノとジョヴァンニ・ランフランコの協力によって《宇宙における愛の勝利》を描いた部屋がある。一方後者は、ラッファエッロによる《ガラテア》、ラッファエッロと弟子たちによる《プシュケの開廊》などのフレスコ画の傑作で埋め尽くされている。

パラッツォ・ファルネーゼもしくはヴィッラ・ファルネジーナなどにおいて、フレスコ画という、建築と絵画が一体となったところに生じる傑作を実見した経験は、辰野と松岡のそれぞれに多くの示唆を与えたことだろう。こうした体験は、当然、明治美術会での講演に結びついているはずである。西洋の絵画や彫刻を志す明治美術会員にも、辰野のイタリアでの経験や感動が響いたことだろう。

講演内容から、辰野が、将来の日本の建築はフレスコ画による装飾がなされることを期待していたことが伝わってくる。当時まさに日本銀行本店の建設に携わっていた辰野が、画家によって描かれるフレスコ画の必要性を説いていることは興味深い。日本銀行本店にはフレスコ画が描かれることはなかったけれども、この講演を行った際には、夢の早期実現へ向けて、幾分の期待もあったのではないだろうか。建築家と美術家の共同は、大正七年(一九一八)の大阪市中央公会堂において、松岡壽による壁画装飾をもって実現されることになる。

3 〈美術建築〉の実践

〈美術建築〉を日本に根付かせるために、辰野は積極的に美術界に関与していった。その運動は、当然ながら建築設計の場面にも展開されたはずである。

明治期の日本においてこの〈美術建築〉が具体化された代表例に、明治四十二年竣工の東宮御所(現、迎賓館赤坂離宮)を挙げねばならない。片山東熊の設計になるこの宮殿建築は、室内が黒田清輝《くろだせいき》、浅井忠らの画家による絵画、織物や綴帳、大理石装飾や石膏細工、寄木張りの床などで装飾されているが、それは当代一流の美術家及び工芸家が一堂に会して実現されたものであった。

辰野自身も、設計活動の多くの事例において〈美術建築〉の理想への接近を試みている。中でも純粋に〈美術建築〉を意識して手がけたと思われるものに、銅像の台座の設計が挙げられる。また、松岡壽と共同した唯一の事例として大阪市中央公会堂がある。辰野はいかに〈美術建築〉を実践していったのだろうか。これらの事例や後進の建築家の育成を通して、〈美術建築〉が日本にいかに根付いたかを見ていこう。

銅像台座の設計

『工学博士辰野金吾伝』には、辰野が一般の建築物だけでなく、銅像の台座を設計・監督したことが述べられている。これまでの辰野研究ではほとんど注目されたことがなく、またこれらの銅像が現存するかどうかについても確認されてこなかった。

銅像は、明治時代以降に都市空間が西洋化していく中で登場してきたものである。西洋風の銅像の最初期の代表例として、東京九段の靖国神社境内に建つ大熊氏廣による《大村益次郎像》がある。宗教的な礼拝対象ではない一人の人間の像が屋外の公共的空間に置かれたことは画期的なことだった（田中修二「解説」『偉人の俤』）。

近代日本の銅像写真集『偉人の俤』によれば、刊行された昭和三年までに、およそ六百体を超える銅像が建ったという。明治三十年代以降盛んに造られるようになり、同四十年代以降は銅像建設がさらに全国へ広がっていった。

銅像における台座は、主役とはみなされず、そもそも注目されにくいものである。美術から見れば銅像を支える基礎に過ぎないし、建築から見れば内部空間を持たないオブジェのようなものとみなされがちである。しかし近年、記念碑との関係で台座の意味と変遷に注目する研究が登場し、台座設計に建築家が関与したことの意味が問われるようになった。明治期の記念碑及び台座への関与が確認できる建築家として、片山東熊、塚本靖、伊東忠太の三名が知られている（木下直之「記念碑と建築家」）。辰野が手掛けた銅像台座もこうした流れの中で造られたもので、「品川子爵銅像臺」（品川彌二郎像台座）、「松崎大尉銅像臺」（松崎直臣像台座）、「川路大警視銅像臺」（川路利良像台座）、「井上子爵銅像臺」（井上勝像台座）の四基が『工学博士辰野金吾伝』に挙げられている。このうち、「品川子爵銅像臺」は現存しており、また「井上子爵銅像臺」は雛形が現存しているとともに石材の一部も現存する。

実は、弟子の後藤慶二が辰野の還暦記念のために制作し、大正五年に完成させた《辰野博士作物集図》（口絵三頁）の画中右下、日本銀行本店を臨むように、この二基が描かれている。多少デフォルメされているものの、後藤は台座の形状を正確にとらえており、手前に最下部が八角形の台座の「井上子爵銅像臺」が、その奥に「品川子爵銅像臺」が配置されている。後藤自身も、大正四年に松田正久男爵銅像台座をデザインしているので、辰野の代表的な作品としてこの二基を認識していたのだろう。以下、この二基について詳しく見ていこう。

「品川子爵銅像臺」

品川彌二郎銅像台座は、辰野が手がけた最初の台座である（口絵七頁上）。品川は、長州出身の政治家で、維新後ドイツやイギリスに留学し、内務省や農商務省などで要職を歴任した。その銅像は、田安門前の九段坂公園内の中央に、北向き、つまり靖国神社鳥居を向いて現存している。

台座の四面には銘が刻まれており、正面には「子爵品川彌二郎卿像」、裏面には「元帥海軍大将侯爵西郷従道等／弐千八百四十五人建／明治四十年八月／監督 高村光雲／作型 本山白雲／鋳工 平塚駒次郎」、台座裏面西には「受負《（ママ）》人 服部與兵衛／同主任 松永芳五郎／石工 岩杉秀吉」、台座裏面東には「改鋳者 角川孝齋」とあり、建立年月と関係者が判明する。

土佐出身の本山白雲《もとやまはくうん》は高村光雲《たかむらこううん》に学んだ後、東京美術学校彫刻本科で本格的に彫塑を学び、才能を開花させた人物で、援助を受けた岩村通俊《いわむらみちとし》が明治二十八年に「本邦古今偉人傑士」の銅像建立を計画すると、その銅像制作の主任として招聘された。明治三十二年、後藤《ごとう》象《しょう》二郎《じろう》の銅像建立のための懸賞展で入選して制作して以降、多くの銅像を手がけた。

台座には辰野の名前は刻まれていないが、『品川子爵伝』には「臺石は工学博士辰野金吾の指教に依りて、服部與兵衛此を成す」とあり、辰野が台座の設計デザインを手がけたと考えられる。明治三十六年に工事を着手し、四十年十二月初旬に竣工、十二月十日に銅像除幕式が執り行われた。着工した明治三十六年は、辰野が東京帝国大学教授を辞職した翌年で、同年八月には「辰野・葛西建築事務所」を開設している。辰野個人の仕事なので、事務所開設以前に設計を手がけたものであろう。

台座は御影石を用いた方形平面で、ギリシャ建築に由来するドリス式オーダーを基にした比較的簡素な形態を持つ。四隅が突出する最下段のみ幾何学的な形状になっており、オーダー風の上部と区別される。正統的な古典様式を踏襲したデザインは、中期の日本銀行時代から後期辰野式の最初期までの建築の作風と通じるものがある。銅像に対して大きすぎない比例といい、簡素な細部意匠といい、抑制の効いた、銅像を引き立てるデザインといえる。

「井上子爵銅像臺」

井上勝銅像は、東京駅丸の内北口付近に、駅舎と同年の大正三年（一九一四）に建設されたものである（図5－4）。井上は幕末にイギリスへ密航した「長州五傑」の一人で、帰国後は初代鉄道頭《てつどうのかみ》に就任し日本初の鉄道建設に尽力するなど、鉄道の最高責任者として大きな功績を残した人物である。

図5－4　井上勝銅像
（大正3年／『子爵井上勝君小伝』）

銅像は、明治四十三年に井上が没した直後に「故・井上子爵銅像建設同志会」が発足し、明治四十五年、本山白雲によるブロンズ製の雛型が完成、久野留之輔が鋳造し、辰野が台座を設計した（鉄道博物館編『井上勝と鉄道黎明期の人々』）。大正三年十二月六日に除幕式が行われた。除幕式には大隈重信《おおくましげのぶ》や渋澤栄一が出席している。

銅像と台座は、戦時下の金属供出により失われてしまったが、台座下部に付けられた四つのメダイヨン等の石材が、井上縁の地である山口県萩市の「萩市自然と歴史の展示館」（旧JR萩駅舎）に保存されている。

鉄道博物館に残されている白雲制作のブロンズ製雛形と『子爵井上勝君小伝』掲載写真より、銅像と台座の形状が判明する。像高三メートル七十五センチに対して、台座高は七メートル三十五センチあり、台座が銅像を凌駕するような比例関係である。

銅像台座は、八角形の基壇に乗り、三段から成る。八角の基壇は洋風の高欄付きであるが、須弥壇や仏壇などの基壇部の側面を装飾するために施される格狭間《こうざま》が付いている。日本の伝統意匠が混入していることは、東京駅の内部装飾と共通している。台座最下層は方形で、各面にメダイヨンのレリーフが付く。メダイヨンには鉄道関連の道具類が彫り込まれており、井上の業績を想起させるデザインとなっている。最下層の四隅は切妻形に突出している。二層目は方形で、上端に歯型装飾を施し、その上に銘板を入れた家型が付く。三層目はドリス式オーダーを基にした方形柱である。各層に付される幾何学的な形状の凹凸から全体としてアール・デコ風の印象が漂うものの、ドリス式オーダーを四隅突出の基台部で支える基本形式は品川彌二郎像台座と共通しており、これが辰野の作風であることがわかる。

品川像台座と井上像台座を比べると、辰野にとっての銅像台座の設計の意味が浮かび上がってくる。銅像台座は、基本的には同時代の建築の作風と共通する意匠をまとっている。その中でも、四隅突出の基台部の上にドリス式オーダー風の部分が乗る形式は一貫しており、第六章に述べるように、これもまた一つの「辰野式」と言えるのかもしれない。

銅像台座というものは、主張し過ぎれば銅像の存在が霞み、地味に過ぎれば銅像の下に埋没する。

品川彌二郎像台座の簡素な形式は、辰野が初めて取り組んだ台座であり、習作というべきものだったのだろうが、銅像を引き立てる脇役としてほどよい調和を見せている。対して井上勝像台座は、銅像を凌駕するかのような規模と華やかさを持っている。辰野は台座のメダイヨンに井上の事績を想起させる意匠を施すとともに全体を建築的に飾ることで、台座を単なる脇役から、銅像とともに物語を紡ぎ出す存在へ持ち上げようとしたものであろう。

銅像台座は小品ではあるものの、建築と銅像、そして建築装飾を一体のものとみなしている点で、〈美術建築〉の好例といえる。品川像台座と井上像台座の差異は、辰野にとっての〈美術建築〉の実践の成熟をよく示している。

大阪市中央公会堂
——建築と絵画の共存

〈美術建築〉の実現を目指して奮闘してきた辰野だが、バージェスが行ったように、建築家が指揮者となって著名画家に指示を与えながら、建築を完成させていくという理想の実現は易しいものではなかった。しかしながら、最晩年になって、生涯の友である松岡壽とのコラボレーションが実現する。大正七年に竣工した大阪市中央公会堂においてである。

中央公会堂は、大阪北浜の株式仲買商の岩本栄之助が建設資金として百万円を寄付したことにより開始、明治四十五年に設計競技が開催され、最終案となった岡田信一郎《おかだしんいちろう》の原案に辰野・片岡建築事務所が修正を加え、大正二年に着工した。

この建物の三階の貴賓室（現、特別室）に、松岡壽によって天井と壁面に絵画が描かれた（図5-

5）。公会堂建築顧問の辰野が松岡に制作を依頼したのだという。辰野の脳裏には欧州で実見したフレスコ画による装飾があったであろう。

『滞欧野帳』第四巻44葉オモテには、ヴェネツィアの総督宮内の十人委員会室の天井が描かれている（図5-6）。金彩を施した矩形や楕円形の木製の枠を配した格天井を、辰野は詳細に描いている。それぞれの枠には油彩画がはめ込まれており、天井中央の楕円形の部分には十六世紀ヴェネツィア画壇を代表するパオロ・ヴェロネーゼによる《天から悪徳に雷を投げつけるジュピター》というローマ神話を題材としつつもヴェネツィア共和国礼賛をテーマとする絵画がはめ込まれていた。この作品は一七九七年にヴェネツィア共和国に攻め入ったフランスに持ち去られ、以降、パオロ・デ・アンドレアという画家による複製品がはめ込まれている。複製品であっても、十人委員会室の天井装飾は辰野を感嘆させただろうことは想像に難くない。またローマにおいても、松岡とともにフレスコ画による天井装飾の傑作を実見していた。こうした経験

図5-5　大阪市中央公会堂特別室天井画
（大阪市中央公会堂提供）

をもとに、辰野は中央公会堂の天井を絵画によって装飾することを考えたのだろう。松岡はここに日本の古代神話を題材とする作品を描いた。が、誰がこれを着想したのかについては判然としない。恐らく、公会堂建築顧問の辰野と松岡が共に考案したのだろう。

松岡の自筆年譜によれば、大正六年五月十二日から七月十九日の二ヶ月弱の間で、堂内の貴賓室の天井及び壁面に、日本の古代神話を題材とした壁画を完成させたという。ヴォールト天井には「天地開闢」が、西面櫛形小壁には「仁徳天皇」が、南面の三連櫛形小壁には榊や「エビカツラ」という「神代ヨリノ植物トシテ知ラレタル」ものの装飾模様が、北壁には「商神素戔嗚尊《すさのおのみこと》」、南壁には「工

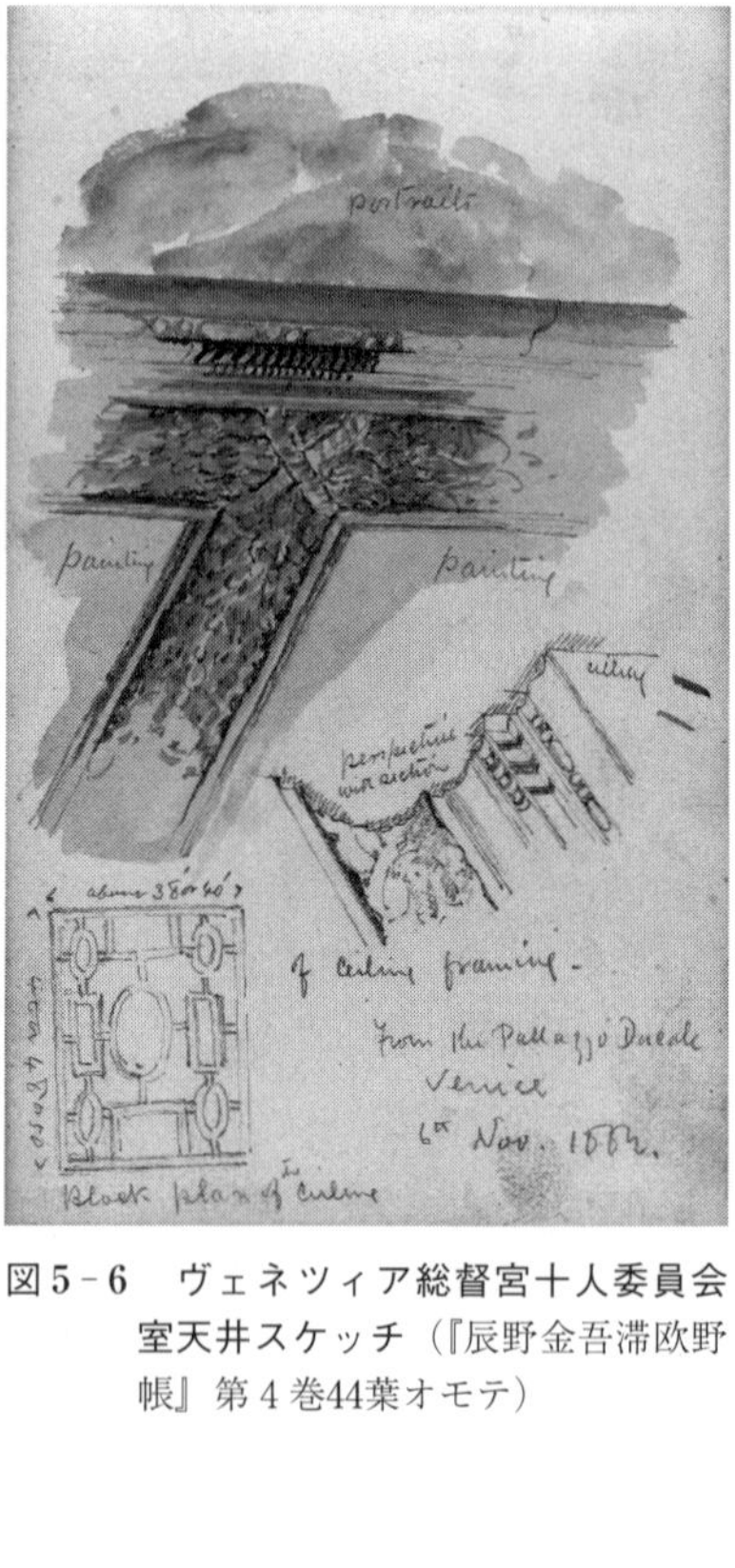

図5-6　ヴェネツィア総督宮十人委員会室天井スケッチ（『辰野金吾滞欧野帳』第4巻44葉オモテ）

神太玉命」が描かれている。これらはすべて、漆喰塗りに麻布が直貼りされた上に油彩で描かれている（『重要文化財　大阪市中央公会堂保存・再生工事報告書』）。

これまでの言動からすると、辰野はフレスコ画による天井装飾を夢見ていたのではないかと思われる。しかし、乾燥した環境に相応しいフレスコ画という技法は、日本の湿潤な風土には向いておらず、この技法もまた高度な熟練を要するということがあり、油彩画で装飾することになったのだろう。

松岡は自身の「理想ヲ以テ取捨」しつつ制作した、この巨大な天井を装飾するにあたって、足場を組んで壁面を間近にして描く苦労を吐露している。完成した絵は、天を描くことを意識したものか、人物や意匠が小さく描かれている。西洋の天井画に比べると密度が濃いとは言えないが、松岡は日本的な配置を意識したのかもしれない。

また、岡田信一郎の原案には、屋上正面の市章両側に古代大和風人物立像が描かれていたが、実際の制作に際し、「大阪市の生命とも称すべき商工業に因み、建築の様式なると相応せしめんとし」、ギリシャ・ローマの神話の「商神『メルキュール』と科学工芸平和等を兼備せる『ミネルバ』」に変更され、銅板に打出しで制作された。これは戦時金属供出により失われてしまった（『重要文化財　大阪市中央公会堂保存・再生工事報告書』）。

貴賓室内が日本の古代神話に由来する歴史画であるのに対し、外部に設えられた彫像がギリシャ・ローマ神話の神像に変更された理由は不明である。だが少なくとも、大阪という商業都市にまつわる商業の神という点で、貴賓室内の素戔嗚尊と外部彫像のメルクリウスには関係性が保たれたと言えるだろう。変更後のメルクリウス像とミネルヴァ像の下絵を描いたのも松岡だった。西洋の寓意画にも明るかった松岡がここでも抜擢されたのである。

　絵画による装飾は建物全体ではなく、一室に限定しての仕事であり、彫像による装飾も部分的なものであったが、辰野が追い求めた〈美術建築〉の一端は、松岡の協力を得ることによって、曲がりなりにもここに実現した。しかし、この建築が実現した大正期は、辰野の弟子たちの時代に移っており、辰野の建築は先端的なものではなくなっていた。最早、辰野が求めた意味での〈美術建築〉は必要とされなくなっていたのかもしれない。

　以上のように、辰野は〈美術建築家〉としての師バージェスの姿勢を追い求めたが、建築設計の実践において、十分に〈美術建築〉を実現し得たわけではなかった。その代わり、彼は弟子たちにこの思いを託していった。

〈美術建築家〉の育成

　辰野が帝国大学で建築教育に携わった間に学んだ建築家には、例えば葛西萬司、横河民輔《よこがわたみすけ》（明治二十三年卒）、石井敬吉、清水釘吉《しみずていきち》（明治二十四年卒）、伊東忠太（明治二十五年卒）、塚本靖、長野宇平治（明治二十六年卒）、大澤三之助《おおさわさんのすけ》、遠藤於菟《えんどうおと》、野口孫一《のぐちまごいち》、矢橋賢吉《やばしけんきち》（明治二十七年卒）、関野貞《せきのただし》（明治二十八年卒）、片岡安、武田五一《たけだごいち》、松室重光《まつむろしげみつ》、森山松之助《もりやままつのすけ》（明治三十年卒）らがいる。日本の建築家の第二世代と言われる人々である。

　この世代の建築家たちは、例外なく図面表現や図案設計に優れ、設計作品も装飾豊かである。伊東忠太は、〈美術建築〉概念に刺激を受けてその基礎としての建築論の研究を開拓していくとともに、日本建築の研究を推し進めた。その設計作品は「建築進化論」に代表される折衷と伝統建築の新しい表現に溢れ、いずれも装飾豊かである。長野宇平治は、辰野の下で日本銀行各支店の設計に携わった後、数々の古典主義様式の建築を設計した。長野による均整のとれた古典主義の表現は、日本の様式建築中の白眉である。武田五一は、京都高等工芸学校教授として赴任したことを契機に、関西において建築教育と設計活動を牽引していく。圧倒的なデザイン能力で、関西に〈美術建築〉を花開かせた功労者といえる。大澤三之助は、東京美術学校教授として美術家と建築家が共同しうる素地を作っていった。本人の作風も〈美術建築家〉というに相応しいデザインセンスと高い装飾性に特徴付けられる。これら第二世代の建築家たちはみな〈美術建築家〉というべき活動を展開しており、辰野がバージェスから受け取ったものは弟子たちの中に開花していった。この意味では、〈美術建築〉は日本の中に確かに根を張ったと言える。

しかし、彼らの意識の中での〈美術建築〉は、芸術としての建築という幾分抽象的な意味だったものと思われ、それは端的に言えば様式の表現そのものであった。様式を自在に操り、華やかな意匠をまとった建築が次々と造られていった。だが美術家との共同に関して言えば、辰野が思い描いたような美術と建築が一体となったもの、というほどの作例はほとんど見られない。辰野流の〈美術建築〉観は脇に追いやられた感がある。

第二世代の建築家たちが活躍を始めた明治後期は、辰野がすでに建築教育から退いていた時期だった。彼が推し進めた〈美術建築〉の教育は定着しつつあったものの、それへの反動もあって、建築における工学的側面、特に建築構造を重視する姿勢が勃興しつつあった。鉄骨構造や新しい材料である鉄筋コンクリートへの関心、あるいは耐震建築の研究が、この頃より盛んになってきたのである。この傾向を象徴的に示す論文が、大正四年に提出された野田俊彦の「建築非芸術論」である。野田は、建築は自立した芸術作品というよりは実用品であらねばならないとした。美術的、様式的側面は、建築家の関心から外れることはなかったものの、機能的あるいは工学的側面への関心の拡大により、相対的に薄れていったのである。

第六章　建築家辰野金吾

これまで辰野金吾の生涯を追いながら、建築界や美術界における貢献について論じてきた。その圧倒的な功績は、日本の建築界をその腕力で引っ張ってきた明治男子の気概を感じさせるものである。一方、辰野は数多くの建築を世に残した建築家でもあった。設計した建築の数も驚くべきものであるし、今日にまで残る建築物はその特徴的な外観から「辰野式」と呼ばれ、愛され続けている。けれども、日本の近代建築史の中で辰野の作品が取り上げられることは、実はそれほど多くない。時代を牽引するような名建築として評価されるものが限られているからである。建築界、美術界への貢献と、建築家としての設計作品とが乖離しているようにみえるわけだが、両者は実は〈美術建築〉という考え方を軸にしてつながっていた。こうした点が明らかになったところで、辰野が設計した建築を改めて検討していこう。

辰野は生涯に二百棟を超える建築を設計した多作な建築家であった。その多作ぶりを十二分に表現した一枚の油絵がある。弟子の後藤慶二が辰野の還暦を記念して描いた《辰野博士作物集図》である（口絵三頁）。後藤は司法省技師として豊多摩監獄などの大正時代を象徴する優美な作を残した建築家でありながら、白馬会第二洋画研究所で洋画を学び、一時は画家を志したこともあった人物である。辰野の設計になる建築物のみで描かれたこの絵には、一つの町並みのごとくに建築物が並べられ、辰野の作品世界が詰め込まれている。

一人の建築家の作品を集めて空想の町並みを描くという発想は、ヨーロッパに先例がある。十六世紀の建築家アンドレア・パッラーディオの作品を集めた奇想画《パッラーディオ建築のカプリッチョ》（パルマ国立博物館蔵）が十八世紀ヴェネツィアの画家カナレットによって描かれているし、十八世紀イギリスの建築家ジョン・ソーンについても作品群像《晩年における初期の空想と夢の建築的光景》（ソーン博物館蔵）が作られている。後藤はこうした表現にヒントを得てこの絵を制作したものだろう。しかし、実在の都市の如くに整然と建物を並べ、しかも遠方に消え入るようなタッチで空間の広がりを見せることで、まるで世の中すべてが辰野の建築で埋め尽くされるかのような後藤の表現は、いずれの絵とも異なっており、辰野の作品のみならず、彼が日本の建築界になした貢献そのものを象徴しているのだろう。

辰野の設計になる建築物は、国内外に現在も二十五棟が残っている。

建築家としての辰野の活動は、欧州留学から帰国した直後の工部省と辰野建築事務所における初期、明治二十一年（一八八八）に日本銀行の設計を委託されてから取り組む日銀時代の中期、明治三十五年に東京帝国大学教授を辞し、翌年に辰野・葛西建築事務所を開いてから膨大な数の「辰野式」建築を生む後期の三時期に分けてとらえるのがよいだろう。それぞれの時期における代表的な建築作品を詳しく取り上げながら、建築家としての辰野が目指したものを考えていこう。

1 初期——工部省・辰野建築事務所時代

辰野金吾の建築家としての活動は、明治十六年に奉職した工部省営繕課において開始された。ここで処女作銀行集会所を設計し、明治十九年に工部省を依願退官した後は「辰野建築事務所」を設けて、帝国大学工科大学教授としての教育活動の傍ら、プロフェッサー・アーキテクトとして渋澤栄一邸などの作品を手掛けていく。この工部省及び辰野建築事務所における活動が、建築家としての辰野の初期にあたる。銀行集会所、渋澤栄一邸の二作を中心に、初期の建築の特質を見ていこう。

銀行集会所

西洋建築の様式は、大きく言って、古典様式（クラシック様式）とゴシック様式に分けられる。ギリシャ及びローマ建築がルネサンス期に復興されて様式化された古典様式は、列柱やペディメント（三角破風）で構成される記念碑性の高い表現、オーダーと呼ばれる厳格で安定性のある比例体系、左右対称性による象徴表現などに特徴がある。ルネサンス様式やバロック様式は、古典様式の中に含まれるものである。一方、ゴシック様式は、同じくローマ建築に端を発しながらも変形を受け、特に北ヨーロッパを中心に展開したものである。多くのガラス窓から光を取り入れつつ高く上昇していくような内部空間を実現すべく、構造が独自の発達を遂げ、またその上昇性と構造が外観にも表れている。

古典様式とゴシック様式は、ユニバーサルな様式とローカルな様式とももとらえられるため、対比的な様式とみなされることが多い。十九世紀には、建築家たちはいずれの様式表現も身に付け、建築によって様式を使い分けていた。辰野も初期にはこうした時代の空気を反映したものか、欧州留学で学んだ様式を多様に使い分けている。

工部大学校時代の教育もイギリス流なら、当初の留学先もイギリスであったため、この時期の辰野の建築はイギリスにおける建築の流行が下敷きとなっている。様式の使い分けも、当時のイギリスの建築家にとっては一般的であったのだが、辰野の様式選択には独特の志向性が感じられる。とりわけ、処女作の銀行集会所や兜町の渋澤栄一邸からは、イギリス流の中にもイタリアへの志向が見え隠れする。

辰野が留学から帰国した明治十六年の十月、銀行集会所総代の渋澤栄一は、銀行集会所の新築設計を工部省営繕課に依頼した。この建物の設計が、工部省御用掛に着任したばかりの新進建築家であった辰野に任され、明治十八年七月、辰野の処女作として完成した(図6-1)。

この建築の外観は、十六世紀イタリアで活躍した建築家で、厳格な左右対称性や均整の取れた比例を持った数々の名作を残したパッラーディオの作風を彷彿させる。正面入口上部に頂くペディメントを中心としてシンメトリーに構成された銀行集会所の建築は、典型的なルネサンス様式である。正面中央に半円アーチの入口を持つポーチが突出する構成は、パッラーディオの最初期の作品であるヴィッラ・フォルニ・チェラートの正面デザインとよく似ている（図6－2）。また、半円アーチの窓の上部に丸窓を配するデザインは、十六世紀の代表的な人文主義者の一人であるジャンジョルジョ・トリッシノが、ヴィチェンツァ郊外のクリコリに建てたヴィッラ・トリッシノで用いた窓のデザインと同

図6－1　銀行集会所
（明治18年／『関西建築協会雑誌』1－3）

図6－2　ヴィッラ・フォルニ・チェラート
（パッラーディオ設計，ヴィチェンツァ郊外）

じである。このヴィッラで石工として働き、トリッシノによって建築的才能を見出されたアンドレア・ピエトロ・ディ・ゴンドラという名の少年が、パッラーディオその人である。よって、ヴィッラ・トリッシノは、パッラーディオの設計によるものでないが、彼が建築家の出発点に立つことになった記念碑的な建築であると言える。

外観の類似だけでなく、辰野自身がパッラーディオを意識していたことは、銀行集会所の開業式に際しての辰野の挨拶からもわかる。

「終りに臨み一言以て此結構を述んに先づ外構は彼伊国造家学士パラテヨ氏の新式を模範とす、氏は紀元一千五百十八年より一千五百六十年迄《ママ》、乃ち四十二年間其英名を轟せり、今尚ほ仰て近代造家学士の泰斗とす、又装飾に至りては主として伊国千五百年代チンクェチェント風と称する一種の模様を擬す、孰れも取捨折衷して以て之に適用したるものなり。」　（銀行集会所蔵『銀行集会録』）

ここで辰野は銀行集会所を設計するにあたり、「パラテヨ」すなわち、パッラーディオの建築を参考にし、建築装飾は盛期ルネサンス期のイタリア建築の装飾デザインを手本としたことを明かしている。パッラーディオのヴィッラのデザインを引用して設計された都市建築として、銀行集会所は造られたのである。

銀行集会所の建設が進行中であった明治十七年十二月、辰野はコンドルの後任として工部大学校教授に着任した。年が明けて二月、辰野は造家学の学生に最初の卒業試験を課した。五題出題された内の一題は次のようなものだった。

「イタリアにおける初期及び盛期ルネッサンスの時期を述べよ。パラディアン様式に固有の特徴を記述ないし図示せよ。この様式の例は東京にあるか。あるとすればその名称を述べよ。」

（東京大学大学院工学系研究科建築学専攻蔵「辰野金吾出題帖」）

「この様式の例は東京にあるか。あるとすればその名称を述べよ」との問いが、辰野設計の銀行集会所を解答として期待していることは明らかである。また、「パラディアン様式」というと、一般には十八世紀にイギリスを中心に流行した、パッラーディオの建築に基づいたルネサンス様式を指すのだが、この設問から、辰野が銀行集会所において、様式としてではなく、パッラーディオ自身の建築を継承しているという自負を抱いていたようにも読み取れる。

辰野は終生ルネサンス様式にこだわり続けた。帝国大学工科大学でも、他の教員に任せた建築史の講義のうちルネサンス様式だけは自ら講義を行っていた。ルネサンス様式の中でも、パッラーディオに強い思い入れを持っていたことは、弟子たちにも認識されていたのだろう。後藤慶二の《辰野博士作物集図》も、師のパッラーディオ礼賛へのオマージュだったのだろう。

渋澤栄一邸

明治二十一年、渋澤栄一邸が兜町の日本橋川沿いに竣工した（図6－3）。ヴェネツィアン・ゴシック様式のデザインを採り入れた建築である。外観だけでなく内部の装飾も充実していたようで、渋澤の息子の秀雄は、この家の内部を次のように回想している。

「ゴチックだから、とがった窓がのるんで、上の部分にステンドグラスを入れたいけれども、それがなかったんですね。そこで色ガラス――赤・黄・緑・紫などの色ガラスを入れたんです。そこに陽があたると、みどりや赤の光線が入る。こうやると（と手をふりかざしてみせ）手が染めわけられる。それが美しいような気味わるいような気がしたんです。」

（「辰野博士追悼　随筆寄席」『おやじの顔』）

渋澤が東京の商業の中心となるよう思い描いた兜町の地に建てる、迎賓施設としての自邸。このイメージに、商都ヴェネツィアの建築様式は確かに相応しい。しかし、辰野が手がけた数々の建築の中でも、ヴェネツィアン・ゴシックという様式は際だって異質である。

渋澤邸の正面には、中央に六連の半円アーチからなる開放的なポルティコがあり、その左右には間隔を開けたヴェネツィア風アーチの窓が二つずつ並ぶ。これは、ヴェネツィアの大運河沿いに浮かぶ住居兼商館であるパラッツォのデザインと似る。日本橋川沿いという敷地を、辰野はヴェネツィアの大運河に見立て、運河沿いのパラッツォをイメージして設計したのだろう。ヴェネツィアに長逗留し

図6-3　渋澤栄一邸 外観（上）と内部の様子（下）
（明治21年／『建築雑誌』41号）

た辰野がこのデザインに思い至るのはごく自然である。

その一方で、渋澤栄一邸をヴェネツィアン・ゴシック風にデザインしたのは、施主である渋澤の要望もあったかもしれない。というのも、渋澤は十五世紀ヴェネツィア派の画家の一人であるチーマ・ダ・コネリアーノによる油彩画《農夫刈羊図》及び《牧羊図》を所持していたと考えられ（東京国立文化財研究所編『明治期美術展覧会出品目録』）、これらの作品を飾るのに相応しい家の様式が施主と建築家の間で模索された結果かもしれないからである。ルネサンス期のヴェネツィアで活躍したチーマからも、大運河が流れるヴェネツィアという都市、そしてその都市における典型的な館が想起されたことだろう。実際、十九世紀の建築デザインは、しばしば、建物の機能から想起されるイメージによってデザインが決定されていた。施主と建築家の思いがヴェネツィアという一点でみごとに混ざり合うことで、この珠玉の作品が生まれたのであろう。

イギリス一辺倒と言われる辰野だが、このように、初期の作品にはイタリアへの志向と愛着が感じられる。グランド・ツアーで訪れたイタリアから、辰野がいかに強い印象を受けたかがうかがわれよう。

初期建築の特徴

初期の作品は、建築ごとに様式を変え、多様な表現を模索している。ヨーロッパでの体験をストレートに建築に反映させたものだろう。未だ作風は定まっていなかったものの、学習の成果を存分に表現しようとする若々しい情熱に溢れている。

しかし、よく見ると多様性の中にも一定の志向性が感じられる。例えば第三章で述べた帝国大学工

図６－４　海上保険会社（明治20年／『建築雑誌』348号）

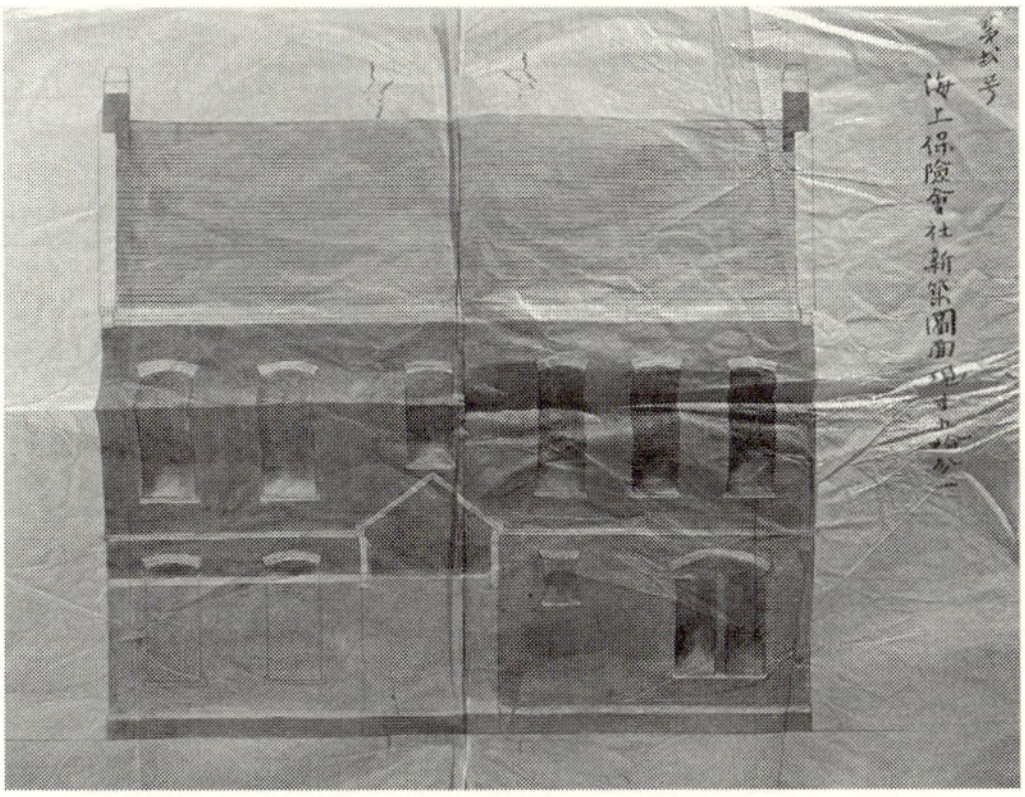

図６－５　海上保険会社設計案（辰野家蔵）

科大学本館はゴシック様式であるが、全体構成は厳格な左右対称で、全高が低く抑えられ、醸し出される安定感はルネサンス様式的である（図3－5）。明治二十年竣工の海上保険会社は、正面の窓にゴシック風の曲線が見られるが（図6－4）、設計初案の窓にはゴシック風の飾りはなかったようだ（図6－5）。その他の作は、英吉利法律学校、明治生命保険会社など、ルネサンス様式のものが多くを占める。

機能や場所から連想される様式がさまざまに用いられているものの、構成はいずれもルネサンス的である。バージェスやコンドルがゴシック様式を好んだのとは、明らかに異なる嗜好である。ルネサンス様式はイギリスでも十八世紀以降はかなり流行したが、当時の最先端ではなくなっており、辰野はあえてその様式を選んだことになる。イギリスに学びながらも、祖型としてのイタリアを意識してのことだろう。辰野が求めたルネサンスは、外観の様式にとどまるものではなく、〈美術建築〉の理想的な実現例でもあったはずである。

2　中期——日本銀行時代

プロフェッサー・アーキテクトとしての辰野建築事務所における設計活動は、明治二十一年に中断される。この年に辰野は日本銀行本店の設計を委託され、その取り調べのために欧米の建築視察に出ることとなったためである。初期の辰野の作品はこれ以降も建てられていくが、設計は出発前に終えたものが多い。

図6-6　日本銀行本店（明治29年／『明治大正建築写真聚覧』）

日本銀行本店を手がけて以降、辰野は日本銀行の工事監督を委嘱されて全国にその支店を設計、建築していく。日本銀行本支店の建築は、それまでの多様な様式を使い分ける作風とは一線を画す、古典的傾向を強く持った作品群となった。よって、明治二十一年からの欧米巡回をもって、辰野の建築活動は中期の新しい段階へと進んだことになる。

日本銀行本店の設計依頼と欧米巡回

中期を代表する建築といえば、日本銀行本店をおいて他にない（口絵六頁上、図6-6）。この建築の設計を辰野が行うことになった経緯から見ていこう。

日銀新築の計画は明治二十一年頃に起こった。ちょうどドイツ人建築家等を擁して華やかに進められつつあった官庁集中計画が、条約改正交渉の失敗から頓挫した時にあたる。日銀総裁富田鐵之助《とみたてつのすけ》は、明治二十一年七月に設計者の推薦を臨時建築局に諮った。この時、臨時建築局総裁は、官庁集中計画を取り仕切った井上馨から工部省設置の立役者で工部卿も務めた山尾庸三に変わっていた。そして辰野も、明治二十一年四月六日に臨時建築局三等技師を命じられ、翌月三十日には工事部長となっていた。旧工部省勢力が臨時建築局に集結したこの瞬間に、辰野は山尾から日銀の設計者として指名された。辰野にとって初めての国家を代表する建築の設計の機会がここに訪れたのだった。

日銀は設計にあたり欧米の銀行建築を調査することを求め、辰野は一年間の欧米巡回の旅に出ることとなった。この旅には辰野建築事務所の事務員であった岡田時太郎が同行し、帰国後は岡田が日銀の工事主任を務めたため、初期の辰野の設計活動はここに一旦終わりを告げることとなった。

旅は、明治二十一年八月十八日から翌年十月四日までと長期間に及ぶもので、アメリカ、イギリス、そしてヨーロッパ大陸諸国をくまなく廻っている。日銀からの依頼ではあったが、同時に臨時建築局より議院と官庁建築の、そして文部省より図書館建築の取り調べを依頼されていたので、銀行建築はもちろんのこと、多くの公共建築を徹底的に調べ歩くことになった。

日銀の設計案は、幾度となく修正が重ねられた。出発前に初案を作成して持参し、ロンドンに渡った際、バージェス事務所を引き継いでいた建築家ジョン・スターリング・チャプルに設計助言を仰ぎつつ、欧米各国の調査成果を踏まえて概ね案を仕上げた。その後、ベルギーの建築家アンリ・ベイヤールから指導を受けて修正し、帰国後に最終案を完成させている。

建物は、明治二十三年五月に起工し、六年の歳月をかけて明治二十九年三月二十二日に竣工した。辰野にとっても特別な重みを持つ竣工式であった。以降、この日は辰野家の記念日となり、毎年自邸で祝宴が催されることとなった。

日本銀行本店のデザイン

日銀本店は、日本人建築家が設計、施工した最初期の様式建築における記念碑的な事例である。日本銀行の支店の設計で数多くの共同作業を行った弟子の長野宇平治は、辰野の建築について次のように語っている。

「日本銀行の建築と云ふものは辰野先生の華である、或は辰野先生が生涯になされた建築の総ての物を纏めて一方に置き、それから日本銀行を他の一方に置いて、バランスにかけたらばどうか、或は日本銀行一つだけでも他の総ての物に匹敵するかも知れぬ。」

（長野宇平治「日本銀行の最初のデザイン」『工学博士辰野金吾伝』）

辰野は全身全霊を込めてこの建築の設計と建設に取り組んだ。確かにこの建物の前に立つと、まるで辰野の執念が塊となって現れたかのような迫力を覚える。

この建物は、古典様式をまとっているものの、その構成は一風変わっている。三階建て部分の平面は、日銀であることを意識したものか、「円」の字を描く。「円」の字の空いた下辺にあたる正面は、一階建ての低い棟で塞がれる。ここには小さな窓しか空けられておらず、まるで障壁のようである。この構成は十七世紀フランスの宮殿・邸宅建築におけるリュクサンブール型と呼ばれる優雅な形式を元にしているが、それにしても閉鎖性が強い。正面の低い棟から列柱で囲んだ内庭を挟んで八角形平面のホールを置き、ドームを架けるが、奥まった位置ゆえドームはあまり目立たない。

外観は、基壇状に高く立ち上げた一階の上に、二、三階を貫く双子柱で支えられた三角破風が複数配される。ルネサンスに続く時期に流行したバロック的な構成であるが、これらの様式に本来見られる躍動感はほとんど感じられず、ルネサンス様式的な静謐さが全体を支配している。細部にも生硬さが漂い、どこか冷たい印象を受ける。

なぜこの建物からこのような感じを受けるのだろうか。それは、バロック的な構成ながらそれを特徴付ける彫りの深さが感じられず、また穿たれた窓も小さいため、まるで石でできた箱のように見えることが一因だろう。窓廻りに奥行きが感じられないだけでなく、正面、側面を飾る独立柱と三角破風も、まるで本体にとって付けたかのように、わずかに突出するのみである。

この独特の彫りの浅さは、辰野世代の建築家に共通する様式への理解の浅さ、そして辰野自身の造形センスの結果と言われてきた。しかし、必ずしもそうではないことを示唆する一つの逸話がある。それは、高橋是清との間のエピソードである。

高橋は、先に触れたとおり辰野と同年齢であるものの、唐津洋学校時代に辰野に英語を教えており、辰野の師匠にあたる。日本銀行本店建設の頃には、ペルー銀山の経営失敗により全財産を失い路頭に迷っていたところ、日銀総裁川田小一郎の知遇を得、日銀の仕事をあてがわれることになった。それが、かつての教え子である辰野の下での建築事務主任の職であった。高橋はここで物品購入と在庫の整理を担当する中で辣腕を発揮して合理化を推し進めたのだが、その中で設計そのものに踏み込んだ一幕があった。構造の問題である。

日銀本店は、石造と言われているが、厳密にはそうではない。外廻りは石だが、その内側は煉瓦造になっている。当初設計では石造だったものを、設計変更して煉瓦造石張りに変更したものである。

この設計変更は、明治二十四年に起こった濃尾震災に端を発している。震災の報を聞き、辰野はすぐさま現地を視察した。その結果、日銀を全石造で建設するのは耐震上危険であると判断し、二階を普通煉瓦、三階を穴あき煉瓦で積むことに変更することを提案した。しかし、石造での建設を前提に株主の了解を得ていたため、川田小一郎日銀総裁の逆鱗に触れてしまった。すでに工期が一年遅れており、その上に石造とすると工費も大幅に跳ね上がる。そこで、高橋が一計を案じ、芯を煉瓦で積み、外側に石を張り付けることを提案し、辰野がそれを容れたものという（高橋是清『高橋是清自伝』）。

図６－７　日本銀行本店建築時の辰野金吾（前列左）と高橋是清（前列右）（辰野家蔵）

辰野と高橋との間のエピソードとして興味をそそるが、それに留まらず、この一件は辰野のその後の建築活動において重要な意味を持っているように思われる。まず、日銀本店が純粋な石造ではなく煉瓦造との混構造で、しかもこうした構造の走りと思われる点である。石造ならではの硬質な表現といった語られ方がよくなされるが、実際には二階以上は煉瓦造に石張りで仕上げられている。些末なことで実質は変わらない、と思いがちだが、この仕様変更は煉瓦造、あるいは純粋な石造に比して、外観の細部表現を明らかに困難にする。これが日銀本店独特の彫りの浅さの原因だろう。

長野宇平治は、日銀の建物の各段階における設計図が残されており、初案から徐々に変化していった様相について言及し、初案にこそ辰野のデザインの本質を見ることができる、と語っている（長野「日本銀行の最初のデザイン」）。残念ながらこれらの図面は後に関東大震災で焼失してしまい、見ることはできないが、ここからも、日銀に見られる彫りの浅さが、初案のデザイン意図とは異なった、設計変更による結果だったことがうかがえよう。

これ以降の日銀関係の建物で外壁が石で仕上げられている建物は、実はいずれも煉瓦造石張りとなっている。西部支店（明治三十一年）、本店附属建物（明治三十二年、図6-8）、大阪支店（明治三十六年）と、中期に建てられたものはいずれもそうで、本店の手法を順次展開したものと考えられる。こうした目で見ると、いずれの建物も彫りが浅く、煉瓦造石張り仕上げとの関連がうかがえる。対して、少し遅れた明治四十五年に京城（現在のソウル）に造られた朝鮮銀行は石造である。日本に比して地震の少ない韓国の風土を考えたものであろう。その造形は、日銀の各建物に対して窓が大きく深く、全体に凹凸が大きく、彫りの深いデザインとなっている。

また、辰野が地震耐力を想定して二階以上を煉瓦造とした点も重要な意味を持つ。以前より地震の問題に注意を払い、明治二十一年の欧米視察時にもイスキア島を訪問していた辰野であるが、この設計変更には明治二十四年の濃尾震災が影響していた。辰野は日銀本店の設計変更において、辰野流の耐震建築手法を獲得したのだった。

図6－8　日本銀行本店附属建物
（明治32年／『明治大正建築写真聚覧』）

日本銀行本店のモデル

ところで、日本銀行本店を設計するにあたっては、当時最新の銀行建築だったベルギー銀行をモデルにして設計したということが『工学博士辰野金吾伝』の記述より言われており、半ば定説になっている。横長の正面の両脇に三角破風を配する構成は、確かにベルギー銀行の正面構成を思わせる。しかし、似ているのはただその一点だけであり、独特な平面も、目立たないドームも、ベルギー銀行とは似ても似つかない。これはどういうことだろうか。

『工学博士辰野金吾伝』の記述、そして同書中の岡田時太郎の回想を読み直してみると、次のようにある。欧米で多数の銀行建築を調査する中で、特にアメリカ

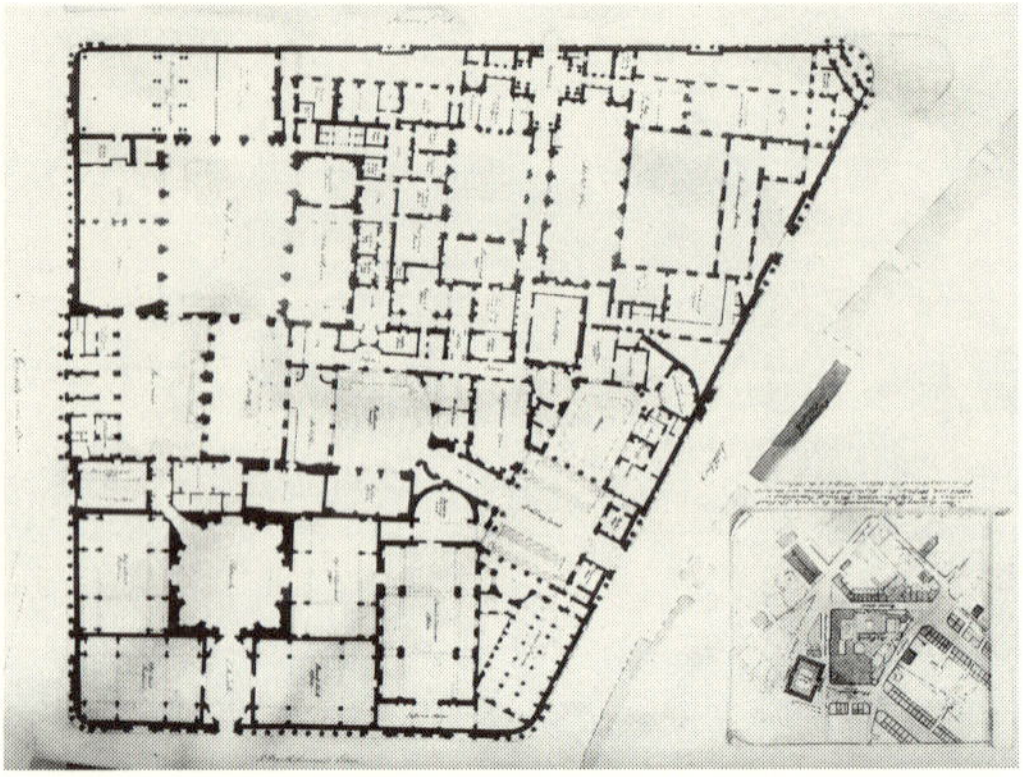

図6－9　イングランド銀行平面図
（ジョン・ソーン設計，ロンドン，1792-1833年／*John Soane*）

ではワシントンの財務省金庫を、ヨーロッパではイングランド銀行を詳しく調査した。イングランド銀行では現地調査に加え、銀行の営繕担当者、そして施工担当で辰野の古巣でもあるキュービット建築会社からも多くの情報を得たほか、銀行用什器はほとんどこのものに倣うべく、詳細図を作成している。またベルギーでは、当時最新の銀行建築であったベルギー銀行に目を付け、岡田を派遣して設計者ベイヤールの事務所で調査をさせている。これらの成果を踏まえて設計案を作成し、再度ベイヤールの意見を聞いた上で最終決定に至った。

ベルギー銀行を参照し、設計者ベイヤールの意見を聞いたことは間違いない。しかし、以上の経緯を見ると、一つの建築だけをモデルにしたのではなく、その他の膨大な数の調査を踏まえて設計されたと考えるべきだろう。

平面計画で最も共通点があると思われるのは、イングランド銀行である（図6－9）。十八世紀から十九世紀にかけて活躍した建築家ジョン・ソーンによって設計された建築で、パッラーディオの建築に触発されたパラディアン様式の流れをくむイギリス新古典主義末期の代表作である。ロンドンの金融街シティに位置するこの建築は、一街区すべてを占める巨大な規模を持つ。四方の街路に面するファサードはいずれも低く、窓を開けずに列柱と壁龕のみで飾った閉鎖的な構成をとる。特に、初期に建設されたロスベリー通り側の正面は、日本銀行本店正面とよく似た障壁状をなしている。その内部に列柱で囲まれた内庭を配する点も似ている。

執務室が多数配される内部で特に強い印象を与えるのが、円形平面にドームを架けたホール「ロトンダ」である。パラディアン様式でよく用いられる形式であり、辰野もここから強い印象を受けたことだろう。

日銀における外部を閉じて中に開く構成、そして中心に八角形のホールを配し求心性を持たせた平面は、このイングランド銀行に触発されたものと思われる。正面の閉鎖的表現もよく似ている。この建築に辰野が倣ったのは、そのパッラーディオ的な部分に惹かれたからだろう。辰野自身がソーンに言及した文章は見あたらないが、後藤の《辰野博士作物集図》がソーンの作品群像にも似ていることからすれば、辰野がソーンを意識していたことを後藤も知っていたのかもしれない。

ただし、この建物は半世紀以上前の建築であった。よって、この建物の象徴的な構成を参照しつつ、最新の銀行建築であるベルギー銀行の外観表現や機能に関わる部分を一部取り入れて、独自の一個の建築としたのが、日本銀行本店だったのだろう。こう考えると、そもそも設計にあたって特定の建物をモデルにする、という発想自体が間違っているように思われる。いくつかの建物を参照することは、今日においてもなされていることであるが、モデルとするとなると、写しや翻案であることを意識するものでない限りなされない。それは明治期においても同様であり、個々の建物はあくまでも場所と設計条件に応じたオリジナルなものとして建てられていたのだった。

日銀本店以降、辰野は日銀の各支店や第一銀行本店など、中期を通じて主に銀行建築を手がけていく。それらはいずれもルネサンス色の強い意匠をまとっており、初期のルネサンス志向がより鮮明に表出している。

辰野の様式観

当時の辰野の様式観については、弟子たちの回想が残されている。伊東忠太は、明治二十年代に日本の建築界の将来についての討論会が開かれたことを述べている。「日本将来の建築はゴシックなるべきかルネーサンスなるべきか」が議論され、議長が採決を取った結果、日本将来の建築はルネサンスであるということに決議された、という。

当時の様式観の幼稚さを印象づけるエピソードだが、伊東の脚色も少々入っているだろう。そもそも様式が持つ重みは当時のヨーロッパにおいても失われつつあった。すべての様式はその歴史的意味から自由になって並列され、外套のごとく着せ替えられ、あるいは折衷されるものとなっていた。ただ、西洋建築を学び始めた時代の日本の建築家たちは、様式を並列に扱う態度には目が向かず、日本という文脈で求められる様式について思い悩んでいたのだった。

この討論会に辰野が加わっていたかどうかははっきりしないが、ルネサンス様式こそ日本に相応しいとする決議は、辰野のルネサンス志向とよく合致する。同じ頃、辰野は大学での教育においてもルネサンスを強く推奨していた。長野宇平治の学生時代の回想によれば、辰野は「将来の建築は復興式たるべき気運に際して居る」と語り、学生に「復興式」すなわちルネサンス様式での設計を推していた（『工学博士長野宇平治作品集』）。

辰野の様式観は、同時代のヨーロッパにおける軽やかな様式観に比べると、堅苦しく、幾分古めかしく思われるものであった。その姿勢は、近代という時代を切り開いていくことになる下の世代の建築家たちの建築観からは少し距離のあるものだった。しかし、開国から暫く経ち、いよいよ自立した国へとこぎ出そうとしていた明治のこの時代においては、ルネサンス様式の持つ権威性、象徴性ほど相応しいものはなかっただろう。

3　後期――「辰野式」建築時代

明治三十五年の東京帝国大学教授依願退官から、後期の建築家としての活動が始まった。退官後ほどなく、辰野は東京と大阪に建築事務所を開設し、民間建築家として膨大な数の建築物を建てていく。

この時期の辰野の建築物は、赤煉瓦に白色の石が帯状に通され、塔屋が賑やかに林立する外観を共通して持っている。後に「辰野式」と呼ばれるようになる形式である。この形式は、様式的にはクイーン・アンやフリー・クラシック、あるいは辰野式ルネサンス、とさまざまに呼ばれている。後期のデザインに込められた意味を考えていこう。

東京帝国大学を退いた後、辰野は民間の立場で設計活動を行っていく。辰野家には、「工学博士辰野金吾 大阪事務所」と記された看板が残されていることから、退官後まもなく大阪に出張所を構え、辰野個人として東京と大阪で設計活動を始めたものとみられる。

東京と大阪での建築事務所設立

退職翌年の明治三十六年八月、東京に葛西萬司と共同の建築設計事務所「辰野・葛西建築事務所」を開設した。葛西は、後に岩手銀行頭取となる葛西重雄の養子で、明治二十三年に帝国大学造家学科を卒業、日本銀行技師として本店、西部支店、大阪支店の設計に携わった後、辰野の事務所に加わった。

次いで明治三十八年に辰野個人の大阪事務所を改組して、片岡安と共同の「辰野・片岡建築事務所」を開いた。片岡は、明治三十年に帝国大学造家学科を卒業、日銀大阪支店の技師に採用されて辰野の下で働いていた時、支店長の弟片岡直温《かたおかなおはる》に働きぶりを認められ、その養子となった。一旦、三十四銀行に入社して本社の設計を行った後、辰野の事務所に加わった。

両事務所とも、開設当初は仕事がほとんどなかったという。辰野・葛西事務所は、明治四十年に東京駅の契約が決まってやっと経営を軌道に乗せることができた。この際に辰野は万歳三唱して喜んだという。辰野が両事務所のパートナーに実業家の養子となった人物を選んだのは、建築事務所という新しい職能を立ち上げていくことの難しさをよく表している。

しかも、設計料を取るということへの理解があるはずもなく、当初は設計した建物を施工監理することによって対価を得ていた。とりわけ大阪では厳しい状況だったらしく、片岡は身を粉にして働くことで施主の信頼を勝ち取り、報酬としての設計料を認めさせた。建築家という職能を社会に認知させるという点でも、辰野の事務所の貢献は少なからぬものがあった。

図6-10　「辰野式」の建物（旧日本生命保険会社九州支店，福岡市，明治42年，国重文）

「辰野式」の特徴　後期の建築について見ていくにあたり、「辰野式」建築に共通して見られる特徴をまずは概観しよう（図6-10）。

様式は、古典様式を基にしながら、ゴシック様式の細部形式などを混入させつつ、独自の変形を加えたものとなっている。イギリスでクイーン・アンあるいはフリー・クラシックと呼ばれる建築様式の一種である。イギリス本国では、古典様式の骨格に垂直性を意識したゴシックの表現が加味されて軽やかさと上昇感がもたらされ、さらに細部意匠が折衷されあるいは自在に変形されるのに対し、辰野式では左右対称性が意識され、全体として安定感のある構成を見せるものが多い。

壁面意匠は、赤煉瓦に白色の石がストライプ状に入れられた独特の華やかさを持つ。当時は白色の石を「帯石」や「帯形」と呼んでいた。「辰野式」で最も目に付きやすい特徴だが、この表現自体は、十九世紀イギリスで流行したものだった。そして、辰野以前にもすでにコンドルが海軍省（明治二十七年）で、妻木頼黄が東京商業会議所（明治三十二年）でこの表現を用いていた。しかし辰野はこれを自らの設計に繰り返し用い、また、柱頭や窓廻りにも白色の石を用い、全体に紅白のツートンカラーの建物という印象をもたらしたため、この表現といえば辰野式、と見られるようになった。

煉瓦にもこだわりを見せる。幕末・明治期の西洋建築における煉瓦積みは、フランス積みやイギリス積みといった構造的に強い積み方が一般的だった。これらは煉瓦の長手と小口を交互に積み、目地が垂直に通らないようにしたものである。対して、現存する辰野作品は、すべて煉瓦の小口を並べた小口積み（ドイツ積み）になっている。これは、見えない内部ではイギリス積みにしつつ、外部のみ化粧として小口煉瓦を並べたもので、後のタイル張りに発展していくものである。明治二十年代より用いられるようになった手法で、辰野は明治三十九年頃を境にこの小口積みを積極的に用いるようになる。赤煉瓦の外観を美しく仕立てることへの強い意志が感じられる。

ボリュームのある隅部の塔屋や、個性的な形状のドームや屋根によって形成される賑やかなスカイラインにも特徴がある。古典様式の美学とは対極に位置する、不規則性や変化に特質を持つ「ピクチャレスク」と呼ばれる表現手法である。欧米のピクチャレスクの表現と比較しても、「辰野式」の塔屋や屋根は圧倒的な存在感を見せる。複雑なスカイラインは、東京駅のように長大なファサードを持

図6-11　東京火災保険会社（明治38年／『東京百建築』）

つ時、絶大な効果を発揮する。こうしたピクチャレスクの表現は、バージェスの作風に通じるものがある。師の作風への意識は、辰野の中に深く根を下ろしていたのだろう。

全体に、古典様式系であるルネサンス様式の安定した構成がベースとなり、そこにピクチャレスクの要素が入り込んでいるもので、イギリスにおけるクイーン・アン様式の一種といえる。しかし、軽やかさよりも安定感が勝っているところは、辰野の一途で無骨な個性の現れであろうか。

「辰野式」の形成過程

後期における辰野の第一作、すなわち「辰野式」第一号は、明治三十八年七月竣工の東京火災保険会社である（図6-11）。この建物は、東京に辰野・葛西事務所が設置された明治三十六年八月に起工されているので、事務所設置前から設計が進められていたものだろう。賑やかな塔屋や屋根の意匠にクイーン・アン様式の性格が典型的に表れた、「辰野式」の中で最も優美な作である。その表現は、帯石が一階部分に限定されていたり、各屋根の形状が比較的落ち着いていたりと、後に見られる「辰野式」

のアクの強さからすれば、少々優美に過ぎる感がある。細部意匠もルネサンス様式の細部を正統的に用いたもので、崩しや幾何学的造形はあまり見られない。民間設計事務所を立ち上げるに際して新たな建築表現を模索した階段のデザインで、「辰野式」の習作のようなものだったのだろう。この傾向は、旧第一銀行京都支店（明治三十九年。破却後に外観を再現してみずほ銀行京都支店として建設）や旧日本銀行京都支店（明治三十九年、口絵六頁下）のような明治四十年までに建てられた建築に共通する。

明治四十年頃から、この作風が大きく変化する。白色の帯石が全体を覆うように巡らされ、窓枠やアーチと一体化される。全体の造形も、隅の柱型が肥大化したり、屋上に大ぶりなアーチ型が設けられたりする。ルネサンス的な骨格は残しながらも、比例や細部をあえて破調させ、異色な視覚的インパクトを作り出す。ルネサンスでもなければピクチャレスクでもない、両者を折衷しつつ独自の感覚で変化を加えた「辰野式」が、こうして成立していった。現存する建物では、旧日本生命保険会社九州支店（明治四十二年、図6-10）、旧盛岡銀行（明治四十四年、口絵七頁下）、旧二十三銀行（大正二年）にこの時期の典型的作風が見られる。

大正期に入ると、流行のアール・ヌーヴォーやアール・デコといった新様式を取り入れて、柱頭や窓廻りなどの細部が幾何学的に抽象化されていく。この時期になると、東京の辰野・葛西建築事務所と大阪の辰野・片岡建築事務所とで、作風に違いが見られるようになる。辰野・葛西建築事務所では一貫して辰野式らしい表現がなされるが、辰野・片岡建築事務所では、大正期になると帯石をあまり用いなくなり、ピクチャレスクの香りが薄まって古典様式の骨格が一層目立つようになっていく。大

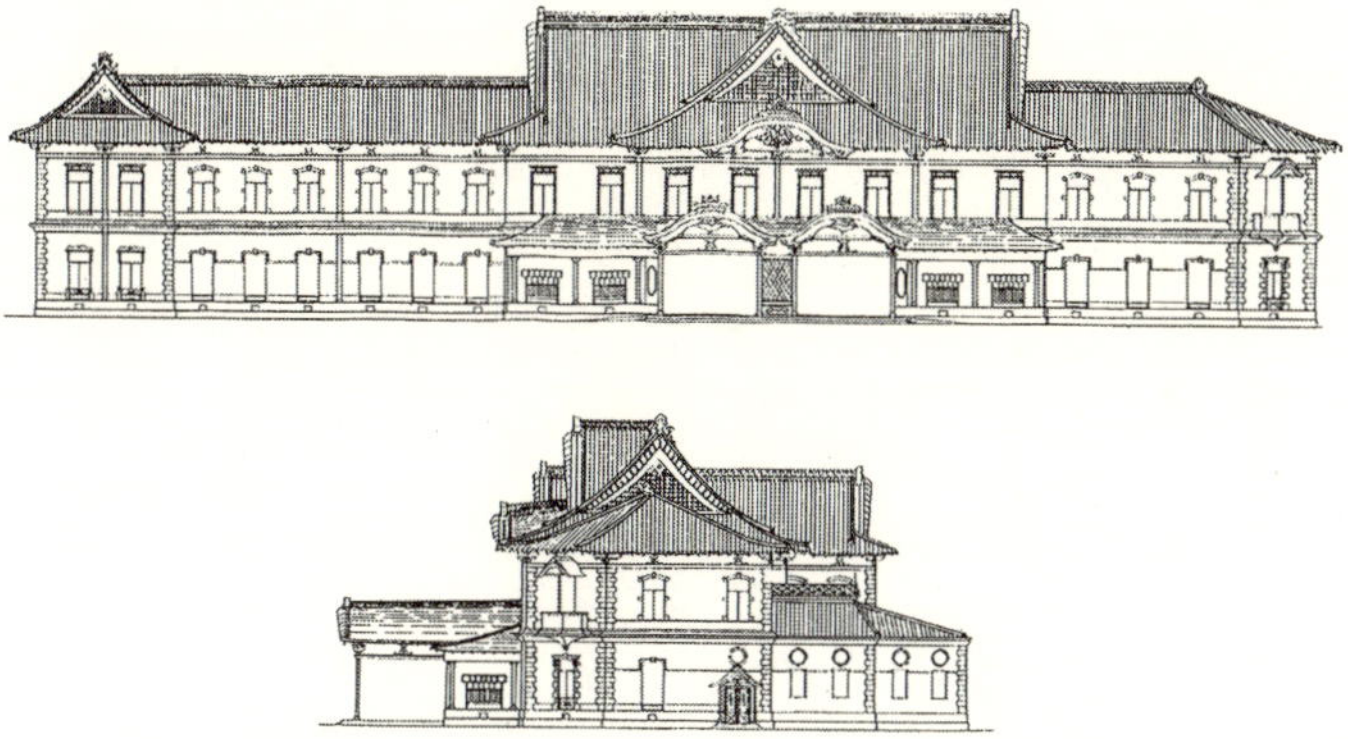

図6－12　フランツ・バルツァーによる東京駅案
（『東京駅誕生――お雇い外国人バルツァーの論文発見』）

阪では、デザインの主体が辰野から片岡に移っていったことを示すものだろう。

東京駅のデザイン

辰野の事務所において、最も長い期間をかけて設計されたのが、中央停車場、現在の東京駅丸ノ内本屋である（口絵八頁）。東京駅は、「辰野式」建築の中で設計の経緯が最も詳しく判明するものである。そのデザインには辰野の意志だけでなく、鉄道、都市計画、あるいは国家の論理が複雑に絡み合っているが、その中でも辰野は独自の表現を模索し続けている。

　東京駅の最初の設計は明治三十六年以前に、辰野ではなくドイツ人鉄道技術者フランツ・バルツァーによってなされた（図6－12）。バルツァーは、乗車口と降車口を北と南に分け、中央に皇室専用乗降口を配し、それぞれを別棟とする独特の平面構成を提示した。それ以上に目を引くのが、駅舎のデザインである。各棟は洋風の躯体に和風の屋根を乗せた和洋折衷の意匠で提案されていた。バルツァーは、新しい時代に向けた建物である駅舎に伝統的な様式を適用し、日本の伝統を再評価する契機としたいとの思いから、和風の意匠を提案したのだった（島秀雄編『東京駅誕生――お雇い外国人バルツァーの論文発見』）。

明治三十六年二月にバルツァーが帰国した後、同年十二月に改めて辰野・葛西建築事務所に設計が依頼された。辰野は動線を分けるバルツァーの平面計画をそのまま受け継ぎながらも、和洋折衷の駅舎デザインを「赤毛の島田髷」と批判し、洋風のデザインで全体を新たに設計し直している。

辰野による設計案は、三種が残されている（図6-13）。設計依頼後まもない明治三十七年頃に作成された第一案は、二階建ての五棟を平屋で繋ぎ、各棟にさまざまな意匠の塔屋を付け、あるいは大振りなドームを架け、華やかなスカイラインを描いたものであった。初期案らしい躍動感に溢れたこの案は、同時期に設計された東京火災保険会社のデザインに通じるものがあり、この時点での辰野の表現志向をよく示すものといえる。第二案は、これを設計図として整えつつ、細部を実施可能な形に改めたもののようで、第一案に比して中央の皇室出入口の塔が強調されている。

第三案は、明治四十年頃に作成されたもので、一挙に総三階建てへと拡大している。日露戦争の戦勝ムードの中で、駅舎規模を拡大する計画が浮上し、さらにホテルの機能も併設されることになり、大きな修正を受けることとなった。この第三案を基に最終案が作られ、建物は明治四十一年に起工、六年の工事期間を経て、大正三年（一九一四）十二月十八日に竣工した。

二階建てから三階建てへの変更により、この建物のデザインは大きく志向を変えた。まず、大きく五つに分断されていた棟が一つに繋がれ、屋根が水平に通り、そこからドームや塔屋が頭を出す形となった。二階から三階へと高められ、幾分間延びしたファサードは、二、三階を貫くイオニア式の列柱を挿入して引き締められる。その結果、全体として、第一案にあったピクチャレスクの効果が幾分弱められ、統一的なボリュームと列柱による古典様式の規範が優越するデザインとなり、より記念碑性の強い構成となった。

ところで、昔からまことしやかに語られてきたのが、東京駅がオランダのアムステルダム中央駅を模倣したという説である（図6－14）。建築様式の上では、アムステルダム中央駅はゴシック、東京駅は古典様式系と、明瞭な差がある。けれども、ヨーロッパによく見られるターミナル式ではなく通過式の駅となっていること、水平に長く伸びた形式であること、王室専用乗降口を有すること、駅舎内にホテルがあることなど、確かに共通点が多く、駅舎としての機能や都市内の位置は間違いなく世界中の駅の中で最も似通っている。実際に駅舎の前に立ってみると、両者の様式上の差異よりも、構成の共通性が浮かび上がってくる。

辰野は東京駅設計に際しては海外視察をしておらず、それ以前にもアムステルダムを訪れた記録はない。よって、建築様式面からは、アムステルダム中央駅模倣説は明確に否定できる。けれども近年、東京駅竣工時からすでに、両駅に関係があることが鉄道関係者の話題に上っていたことが明らかにされた（小野田滋『高架鉄道と東京駅』）。

すなわち、アムステルダム中央駅は、外観の建築様式としてではなく駅舎としてのプログラムにおいて参照された、と考えるべきだろう。日銀本店の設計においてもそうだったが、辰野、あるいは同

図6－13　中央停車場（東京駅）設計案の変遷

上段より第１案（佐竹鐵也「東京駅」），第２案（辰野金吾「中央停車場の建築」），第３案（「中央停車場建築図」『鉄道時報』）

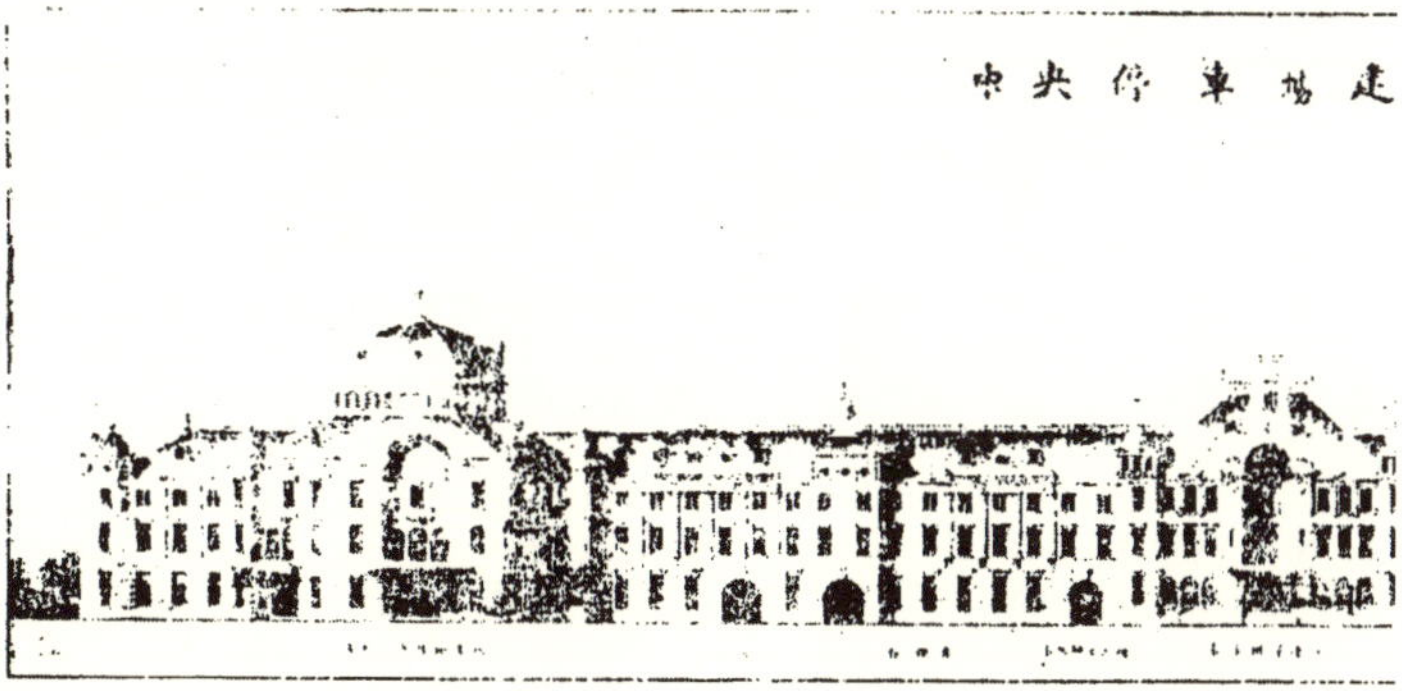
中央停車場建

図6-14　アムステルダム中央駅（カイペルス設計，アムステルダム，1889年）

世代の建築家たちは、西洋の様式を習得し、それを再現したのはもちろんであったが、それを直写したわけではなく、あくまでも参照に留め、自らの表現を追求していたのだった。とすれば、改めて、あの外観は辰野オリジナルの「辰野式」に他ならないといえるのである。

東京駅の構造

デザインだけでなく、構造についても東京駅には興味深いエピソードがある。外壁は煉瓦であるが、その中には鉄骨が入っている。鉄骨だけ、あるいは煉瓦だけでも構造が成り立つほど、過剰な構造設計がなされている。

当初は、鉄骨を芯にして鉄筋コンクリートで壁体を構成する鉄骨鉄筋コンクリート造での建設が想定されていたという。しかし、設計を行っていた明治四十年頃は、鉄筋コンクリート造建物が日本で初めて建てられようとしていた時期であった。東京駅の設計途中に、日本最初の鉄筋コンクリート造建物の一つである神戸市和田岬の東京倉庫株式会社倉庫が建設された。その建設現場を見学した辰野は、ドロドロとしたコンクリートを見て不安を覚え、採用を放棄することにした。しかし、図面はほぼできあがっていた。結局、コンクリートで設計した壁厚をそのままに、煉瓦積みに置き換えることで、鉄骨を煉瓦で包む鉄骨煉瓦造という構造に至ることになったという（伊藤ていじ『谷間の花が見えなかった時――近代建築史の断絶を埋める松本與作の証言』）。

日本の鉄骨造建築は、煉瓦造建物の床や屋根を煉瓦壁に埋め込んだ鉄骨で受ける「補強式鉄骨煉瓦造」から始まり、徐々に鉄骨の骨組のみによって構造を担保し、煉瓦にて化粧の壁体を形成する「帳壁式鉄骨煉瓦造」に移行していく。東京駅の構造は帳壁式に属するものの、移行期の特徴を色濃く残しており、結果として過剰な構造となった。ここにも、構造の堅固さに徹底的にこだわる辰野らしさがよく表れていよう。

「辰野式」の本質

「辰野式」のデザインは、クイーン・アン様式の系統に属するものである。辰野はイギリス留学時からこの様式に注目していた。流行の様式に関心を示すのは至極当然であろう。第三章に述べたイギリス留学時代に発表した記事「蒸材辨及ヒ英国建築ノ概況」において、辰野はクイーン・アンが日本の気候に適合する面がある、としており、この時点ですでにこの様式を日本に持ち込もうという意欲を持っていたことがわかる。しかし、帰国後直ちにクイーン・アンを手がけたわけではなく、二十年程を経てあえてこの様式を持ち出したのである。

クイーン・アン様式は、都市の商業建築や当時新しく勃興してきた郊外住宅地における戸建て住宅などで盛んに用いられていた。これは民間建築家として設計に取り組むこととなった後期の辰野の状況によく合致するので、自らの立ち位置を自覚したことがこの様式を用いることとなった一つの理由なのだろう。

とはいえ、ここには日本の気候に適合する面、という辰野の考えに対する説明は含まれない。これについては、ハーフティンバーの扱いと絡めて考えられるように思われる。辰野はすでにグランド・ツアーの中でハーフティンバーの建築に着目しており、後期に手がけた住宅建築においてこの形式をよく用いた。旧松本健次郎邸や辰野金吾自邸（図1-4）などが好例である。このハーフティンバーも、クイーン・アン様式の中で多用された形式であり、辰野の中ではクイーン・アン様式の一環としてとらえられていたものだったのだろう。ハーフティンバーの建築は基本的に勾配屋根を架けた木造建築であり、容易に日本の伝統建築との共通性を読み取ることができる。日本の気候への適合という言葉は、ハーフティンバーを意識したものと考えられよう。

ハーフティンバーにおける柱や横架材を現す外観表現は、煉瓦造の「辰野式」建築において好まれた帯石の表現と類似するようにも見える。帯石の表現は、あるいは木造建築であるハーフティンバーの煉瓦造建物への置き換えというイメージを持って用いられていたのかもしれない。

さて、「辰野式」のデザインは、クイーン・アン様式の中でも特にこの様式の旗手の一人であるリチャード・ノーマン・ショー（Richard Norman Shaw, 一八三一—一九一二）の作風とよく似ている。ノーマン・ショーは、自らの作風を、古典様式を崩した「フリー・クラシック」と称したりもしていた。特に代表作のニュー・スコットランド・ヤード（図6-15）は、白の帯石や隅の持ち送り式の小塔の表現など、一見して東京駅において参照されたとわかるほどよく似ている。辰野自身もノーマン・ショーの言動に注目していたと、武田五一が伝えている（座談会「最近十五年間に於ける関西建築界の変遷を語る会」における武田五一の発言)。

しかし、「辰野式」の全体の志向性は、ノーマン・ショーの作風とは少しずれがある。「辰野式」は、イギリス本国のクイーン・アン様式に比して、軽やかさ、伸びやかさに欠け、彫りの深さもない。けれども、地から生え出たかのような独特の佇まいを持つ。こうした辰野の建築について、友人和田垣《わだがき》謙三《けんぞう》が「辰野金吾という建築家がいるが、あれは相撲が仕切りをしているような家ばかり建てて、立ち上がったような建物を建てないじゃないか」と評したことがあった。辰野は「どうも日本は地震国でそう高いものは建てられないよ、こわくて」と答えたという。このことばに辰野式の本質の一面が表れていよう。つまり、日本が地震国であることを意識した構造、すなわち基礎の厳重さ、全体の安定した縦横比、というものが「辰野式」を強く支配しているのである。「辰野式」の本質は、ヨーロッパから借りた様式と、木造国あるいは地震国としての日本の風土が混ざり合い、大地に根を下ろしたかのごとき造形がなされた点にあるのだろう。

図6－15　ニュー・スコットランド・ヤード
(ノーマン・ショー設計，ロンドン，1887年)

辰野が日本の風土を意識したもう一つの表現が、和風建築である。先述のように、辰野は帝国大学に日本建築学の講座を開き、その研究に道筋をつけたのだが、自らは日本建築の研究を行ってはいなかったと伝えられている。とはいえ、辰野の設計作品中にはいくつか和風ないし和洋折衷のものが含まれている。主なものに、中期の日本銀行本店貴賓室（明治二十九年）と唐津小学校（明治三十五年）、後期の奈良ホテル（明治四十二年）、潮湯別館（大正二年）、武雄温泉新館・楼門（大正四年）、日蓮宗大学校講堂（大正七年）がある。

辰野の和風建築

日銀の貴賓室は、他の室同様の室内空間の規模を持ち、洋風の暖炉も設えながら、腰高より上は和風の室内装飾が施されている。今日の目で見ると和洋が上下に接がれた一風変わった印象を受けるが、このデザインは明治宮殿の正殿の室内装飾と共通性がある。いずれも内装設計に京都西陣の織物業者川島甚兵衛《かわしまじんべえ》らが関与していることからすれば、貴賓室の和風意匠の設計は川島ら装飾家の主導による部分が大きいように思われる。辰野のことばのなかにこの貴賓室のことが出てこない点も、辰野の関与が薄かったことを示していよう。

唐津小学校は、同郷の曽禰達蔵の助言を受けつつ郷里に設計したものである。外観の一部に和風が混じるが、基本的には明治期の小学校建築によく見られる木造洋風建築である。辰野の設計の核心は、外観意匠よりも、規模の大きさ、機能的な配置、女子教室への配慮など、平面計画に小学校建築の最新の考え方を導入している点にあった。

したがって、辰野による和風建築は概ね後期に展開されたものといえる。明治後期以降、建築家が和風建築に取り組む際には、近世から引き続く意匠ではなく、古代、中世の意匠を模した復古意匠を用いることが多くなった。しかし辰野の和風には復古意匠のものが一つもなく、すべて近世以来の伝統和風意匠が用いられている。

そのデザインの基となっているのが、格式を重んじた書院造である。この時期には、建築家に限らず、別荘建築などでは書院造の意匠を崩した数寄屋造がよく用いられていたが、辰野の建築には数寄屋造は一つもない。辰野はこれを「脂《やに》っこい建物」として嫌ったという。

奈良ホテルは、長大なボリュームを複数の棟に分割して雁行形《がんこうがた》に配置した大規模なホテル建築である。柱形や長押形を表した書院造の形式をとりながらも、天井の高い室内の比例や縦長の窓などに洋風意匠が見られる。むしろ洋風の骨格に書院造を折衷したものといえる。屋根には鴟尾と塔屋、そして入母屋屋根の妻が重なり合い、賑やかなスカイラインを演出する。

武雄温泉新館・楼門は、辰野の出身県である佐賀県の武雄温泉の中心に共同浴場として建設されたものである。楼門は、下層を漆喰で塗り籠めた竜宮門の形式で、概ね伝統意匠を用いるが、下層側面に張り出しを持たせる点や、壁下地に洋風技法が用いられる点など、和風から逸脱する部分もある（図6－16）。この門の上層の天井に通気口として透彫りされた十二支のうちの東西南北を示す四支の動物像は、前年竣工の東京駅南北ドーム上部メダイヨンに飾られた八支の動物像と一組になるものではないか、という説が近年出された。辰野は俳句を嗜んでおり、上の句に下の句を接ぐような仕掛けと見れば、この人らしい遊び心とも思えよう。新館は、左右対称の平面、軸部の比例、玄関ポーチの形式、いずれも西洋的でありながら、真壁風の壁面、入母屋の瓦葺きの屋根ともに和風の意匠とする。両棟とも、安定感のある全体の骨格を装飾的な細部と屋根で飾る辰野の好みがよく出ている。

これらの建築は、いずれも上層ないし屋根に豊かな表情があり、いわば和風によるピクチャレスクの表現といえるのかもしれない。和風における古典様式といえる書院造や寺院建築の意匠を借りて、記念碑性を表現してもいる。ピクチャレスクと古典様式を同居させているという意味で、これも一種の「辰野式」というべきだろう。

図6－16　武雄温泉楼門
（武雄市，大正4年，国重文）

潮湯別館は、堺大浜に辰野の設計によって明治四十五年に建てられた洋風の温浴施設「潮湯」の拡張建物として建てられたもので、昭和十年に河内長野に移築され、旅館南天苑として現在も使われている（図6－17）。大正期らしく中廊下型の平面を持つが、意匠は正統的な書院造で、他の建物と違い西洋建築からの借用は比例にも細部にもほとんど認められない。『工学博士辰野金吾伝』にも「日本建」と記述されている。この純和風の建物を、辰野はどのような意図で設計したのだろうか。

弟子の松井清足《まついきよたり》によれば、明治四十年頃に、「兎に角イングリツシ風のものでなければ御やりにならなかつた辰野先生が、あの時代には、前にも色々話が出たやうに、将来の日本に適する建築とか、日本には日本風の特有のものをやらなければいかぬとか云ふことで、くだけて、兎に角外国にも例の無いやうなものをやつて見やう」（「回顧座談会」第三回）となったという。

図6－17　南天苑
（旧潮湯別館，河内長野市，大正２年，国登録）

ここで思い出されるのが、辰野家に残る一冊のノートから知ることのできる明治四十二年の近世建築技術書研究である。ノートには、享保十二年（一七二七）の『秘伝書図解』、享和三年（一八〇三）の『匠家故実録』、文政十二年（一八二九）の『番匠往来』など三十九冊の近世建築技術書を取り上げ、その概要が記されている。技術書は木割、軒廻り、細部の雛形など多岐にわたり、偏りなく集められている。各書の内容をかなり読み込んでいたことがわかり、例えば『規矩真述　軒廻図解』（弘化四年、一八四七）については、「軒廻りを研究せんとするには大に参考となるものなり」といった評価を下している。近世建築技術書を体系的に把握し、その内容を理解しようと勉めたことがよくうかがえる史料である。

この時期には辰野はすでに教育からは退いていたので、講義準備のためではなく、設計の参考とするためにこれらの技術書を調査研究したことになる。その成果が直接現れたのが、潮湯別館や和風色の強い武雄温泉楼門だったのだろう。また、この時期にちょうど東京駅の設計を終えているが、ここにも、特に南北ドーム内部の意匠に、古代の刀剣や鎧の栴壇板《せんだんいた》、豊臣秀吉の馬蘭後立付兜など、伝統意匠を基にしたデザインが付加されており、辰野が日本の伝統意匠に傾倒していたことがうかがえる。

明治四十年代といえば、日本の近代建築史上著名な「我國将来の建築様式を如何にすべきや」という議論が建築学会（明治三十年に造家学会より改称）で戦わされた時期でもあった。辰野はこの議論の中で、様式というものは人為的に作られるものではなく自然に形成されていくものであること、日本の将来の様式は西洋の構造に日本の伝統様式を皮膜のように覆うことで成立していくであろうことを主張し、「吾輩は今後一変再変三変して後初めて吾邦建築様式は成立するものと信ずるのであります」（辰野金吾「我國将来の建築様式を如何にすべきや」）とした。

国の固有の様式というものは自然に形成されていくものだとする考え方は、同じくこの論争中に伊東忠太が提出した「建築進化論」とも似る。伊東は具体的な変化を例示しつつ、様式の発展過程を論じたが、辰野も基本的には同じ考えを持ち、改めて日本建築に関心を向けたのだった。

日本建築に目を向け始めた弟子たちは、古代、中世の復古へと向かった。辰野がこうした傾向をどう見ていたかはわからないが、自身はむしろ自らに近い時代である近世へと目を向けた。古代、中世への視線は、日本建築を様式の一つとしてとらえるには有効だが、建築の進化という点においては不自然であるとみなし、近世に目を向けたのかもしれない。辰野金吾による和風建築は、日本建築研究という分野を設定した人物らしく、伝統をいかに断絶無く受け継ぎ、次の時代へ橋渡しをするか、という観点に立ってデザインされたものだったのだろう。

工学か美術か

辰野の建築の作風は、自らの経験や時代の流行に応じてさまざまに変わっていったが、そこには一貫してルネサンス様式への志向が見られた。それは、挫折と成功とが入り混じりながらも、日本に建築界を造形することに常に全霊を傾けた辰野の人生そのものと、見事なまでに符号する。今一度、辰野の人生を振り返ってみよう。

辰野は工学的興味から建築を志した。それはそもそも工部大学校が求めていたものであり、そこに素直に従った結果でもあった。

卒業後の欧州への留学は、辰野を〈美術建築〉へと目覚めさせた。それは美術家との共同によってできあがる建築であり、そして彼らを統合する指揮者としての建築家という職能像への目覚めであった。辰野はいかに日本でこの〈美術建築〉の世界を実現できるかに腐心していった。

〈美術建築〉の世界は、辰野自身の中では十分に展開できたとは言えなかったものの、それは弟子たちの中に花開いていった。しかし、弟子たちは〈美術建築〉の概念を、建築における芸術的側面、特に様式の重視、という問題に限定することで我がものにしたのだった。

恐らく自らが意図したものとは異なる方向に建築界が進んでいったことに違和感を覚え始めたのだろう。明治末年、辰野は「虚偽的装飾」が流行しはじめたことに警鐘を鳴らしている。建物に付ける小塔やピナクル、ドーマー窓にはそれぞれに機能があるものだが、単に外観を整えるためだけに用いることが流行しており、それは「虚偽的装飾」と呼ぶべきものだ、とした（辰野「開会の辞」）。

続いて、辰野は工学寄りで始まった日本の建築界だったが、〈美術建築〉を尊重する余り、現在はそちらに寄りすぎてしまったと指摘し、再び工学的観点を取り戻さねばならないことを次のように述べている。

「建築学教育の方針としては美術的方面に偏してもならず、又構造的方面に偏してもならない、両々対峙して之を進めねばならぬ」

（辰野「建築学会大会　開会の辞、附所感」）

しかしながら、工学と美術の間の乖離はますます広がっていった。その認識を基に、これらをともに一人の人物が身に付けるのは難しく、むしろ、両者を分けて、それぞれに人材を育成していくべきではないか、とまで述べるようになっていく。

辰野が切り拓き、正面から対峙しようとした工学と美術の間に生じた亀裂。辰野は生涯をかけて、この亀裂を埋めようと苦闘したのだった。この問題は、日本の建築界が背負い続ける重い十字架となっていく。

4　「終焉の記」

「実に彼は男なりき」

大正七年冬、辰野は気管支炎を患い、以降しばらく療養のため館山の別荘に滞在した。夏毎に家族で訪れた別荘は、息子たちにとっては父との海水浴の記憶とともに思い出される場所であった。

翌八年三月、議院建築の設計競技審査のため無理を押して上京したところ、流行性感冒から肺炎をおこし、容態が悪化、三月二十五日、終に世を去ることとなった。享年六十六であった。

その死は、明治の建築界を牽引した一代の巨人に相応しい勇壮なものであった。死期を悟った辰野は、妻秀子に体を起こさせて感謝の意を述べた後、集う人々の前で万歳を連呼した。次いで曽禰達蔵に議院建築の後事を託し、ゆっくりと眠るように息を引き取った。私事を顧みず、毅然とした態度を貫いて死を迎えた姿に強く心を揺さぶられた長男隆は、詩情豊かに父の追悼文「終焉の記」をしたため、「実に彼は男なりき。善き父なりき。」と結んだ。

辰野の眠る墓は、新宿の常圓寺に、高層ビルに囲まれるように佇んでいる。

建築との格闘の生涯

晩年、自らの設計した建築のうち気に入ったものは何かと息子たちから問われた辰野は、「何一つない。俺は一生懸命やったが駄目だなあ」と答えている。けれども、臨終に際して、夢の中で「縦からみても横からみても」と言って実に楽しそうな顔をしたという〈辰野隆「父の思い出」〉。建築の模型を手に抱えていろいろな角度から眺めるような夢だったのだろう。どこから見ても満足のいく理想の建築に、遂にたどり着いたと思えた瞬間だった。この言葉を聞いた曽禰は、建築家の最期として幸せなことだ、という感想を残している。

ただ、このエピソードは、理想の建築にはあくまでも夢の中でしかたどり着けなかったということも意味していよう。生涯に多数の建築を設計し、建築家としての人生を全うした辰野であったが、その設計活動は苦悩に満ちたものだったのかもしれない。

辰野家には、金吾が残したという家訓が伝わっている。「建築家にはなるな」というものである。これほど建築界に貢献した人物がこのような家訓を残すとは、なんと皮肉なことだろうか。建築と格闘し続けたその生涯の重みがここに凝縮されていよう。

辰野の格闘は、工学の中での建築、美術の中での建築、あるいは社会の中での建築の立場を確立するための戦いであった。そして、建築界を造り上げること、日本という場における建築物のあり方を模索することへの戦いでもあった。その道程は、決して日向の表街道を歩むような栄光に満ちたものではなく、努力と挫折、そして成功の入り混じる茨の道であった。辰野にとって、その道程はいまだ半ばであっただろう。工学と美術の乖離という新たな茨も生まれつつあった。

「建築家にはなるな」ということばは、辰野が背負い込んだこの道への一時的な諦念を思わせる。辰野にとって建築家とは、かつて追い求めた〈美術建築家〉像に象徴される、諸分野を統合する指揮者としての建築家像だったはずである。しかし、そうした建築家のあり方はもはや成立しなくなっていた。その後の建築界は、工学や美術をはじめとするさまざまな分野に細分化されることで、めざましい発展を遂げていったのである。

建築界が否応なしに進んでいった道は、辰野の追い求めたものから遠ざかるものであった。それゆえのことばだったのだろう。ただ、それは自らの人生を否定するものではもちろんなかったはずである。細分化されつつあった建築あるいは建築家という存在のあり方に対する彼なりの批判だったのではなかったか。

この批判は、現在においてもなお訴求力を持っている。工学と美術の関係を今一度問い直すこと。辰野がその生涯の中で追い求めた〈美術建築〉という概念は、彼が意図した内容を超えて、諸分野に細分化されてしまっている建築のあり方を再び根本に立ち返って見直すべきことを訴えかけてくるのである。

巻末資料

表1　『辰野金吾滞欧野帳』概要
表2―①　『辰野金吾滞欧野帳』第二巻の概要
表2―②　『辰野金吾滞欧野帳』第三巻の概要
表2―③　『辰野金吾滞欧野帳』第四巻の概要
表3　留学時代に辰野が入手した書籍一覧

表１　『辰野金吾滞欧野帳』概要

巻	表装	大きさ（縦×横×厚）単位：mm	執筆期間（年月日記載のものに限る）	滞在国	主な滞在地・記載対象物	『工学博士辰野金吾伝』※図版番号
一	マーブル模様の紙製表紙	95×152×17	1881年１月27日～1881年５月７日	イギリス	ナショナル・ギャラリー（ロンドン），カンタベリー大聖堂，ウィンザー城，セント・オーバンス聖堂，バージェスの建築（ハーロウ校講堂，バージェス事務所，他）	
二	布張り表紙	122×192×13	1882年５月９日～1882年６月28日	フランス	ルーヴル美術館，クリュニー美術館，パリ市庁舎，ヴェルサイユ宮殿，リュクサンブール宮殿，パリ北駅	第九図，第十図，
三	布張り表紙	127×194×13	1882年６月28日～1882年８月11日	フランス	ヴェルサイユ宮殿，オルレアン都市建築，ブロワ城，ブロワ都市建築，シャンボール城，ルーアン都市建築	第十一図，第十二図，第十三図，第十四図，第十五図
四	布張り表紙	121×192×13	1882年８月12日～1882年12月４日	フランス・イタリア	アミアン大聖堂，ランス大聖堂，サン・ジャン・デ・ヴィーニュ大修道院（ソワッソン），ドーリア宮殿（ジェノヴァ），カルトゥジオ会修道院（パヴィーア），サンタナスタージア教会（ヴェローナ），サン・マルコ聖堂（ヴェネツィア），総督宮（ヴェネツィア）	第十六図

※表２以降は，『辰野金吾伝』と略記

表2-① 『辰野金吾滞欧野帳』第2巻の概要

日　付	用紙番号	都市名	場　所	記載内容	『辰野金吾伝』図版番号
1882.05.09	1オモテ	パリ	ルーヴル美術館	柱の下部のスケッチ（寸法あり）	
1882.05.09	2オモテ	パリ	ルーヴル美術館	扉の断面図	
1882.05.10	55ウラ	パリ	中央卸売市場の商店	商店の建物と街区内位置図	
1882.05.10	56ウラ	パリ	手荷物検査事務室	事務室平面図	
1882.05.10	57ウラ	パリ	パリ北鉄道駅	駅舎屋根断面図（彩色）	
1882.05.10	58ウラ	パリ	パリ北鉄道駅	鍍金鋳鉄細工（彩色）	
1882.05.11	3オモテ	パリ	トロカデロの塔	塔のスケッチ（彩色）	
1882.05.13	4オモテ	パリ	（クリュニー美術館？）	壁面装飾拡大図（彩色）	
1882.05.14	52ウラ	パリ	クリュニー美術館	柱頭（一部分）スケッチ	
1882.05.23	44ウラ	パリ	ルーヴル美術館	オーク材の彫刻スケッチ	
1882.05.23	45ウラ	パリ	地方警察本署	外観（一部）スケッチ	
1882.05.24	5オモテ	パリ	クリュニー美術館	窓のスケッチ	
1882.05.24	6オモテ	パリ	クリュニー美術館	階段鉄製欄干装飾スケッチ	
1882.05.25	41ウラ	パリ	ルーヴル美術館	木製の舗床（一部）スケッチ（寸法あり）	
1882.05.27	39ウラ	パリ	クリュニー美術館	付柱1本のスケッチ	
1882.05.27	40ウラ	パリ	クリュニー美術館	窓のスケッチと窓枠（一部）繰形のプロフィール	
1882.05.30	37ウラ	ヴェルサイユ	ヴェルサイユ宮殿	ルイ13世のギャラリーに関する文章	
1882.05.31	42ウラ	パリ	クリュニー美術館	柱頭装飾のスケッチ	第九図
1882.05.31	43ウラ	パリ	クリュニー美術館	柱頭のスケッチ（寸法あり）	第十図
1882.06.01	36ウラ	パリ	聖クロード城	聖クロード城に関する文章	
1882.06.02	35ウラ	パリ	ルーヴル美術館	大理石製細工のスケッチ	
1882.06.06	32ウラ	パリ	クリュニー美術館	柱頭のスケッチ（寸法あり）	
1882.06.07	29ウラ	パリ	クリュニー美術館	柱頭のスケッチ（「未完」と記載）	
1882.06.07	31ウラ	パリ	クリュニー美術館	木製天井装飾	
1882.06.08	28ウラ	パリ	エコール・デ・ボザール	窓の欄干装飾（一部）のスケッチ	
1882.06.08	26ウラ	パリ	エコール・デ・ボザール	窓枠（一部）繰形のプロフィールのスケッチ	
1882.06.08	27ウラ	パリ	エコール・デ・ボザール	バラストレード詳細図	
1882.06.10	34ウラ	パリ	ルーヴル美術館	大理石製台のスケッチ	
1882.06.12	24ウラ	パリ	エコール・デ・ボザール図書館	ボルドー大劇場平面図	
1882.06.13	20ウラ	パリ	エコール・デ・ボザール図書館	ドームの木枠のスケッチ	
1882.06.13	21ウラ	パリ	エコール・デ・ボザール図書館	イギリス式ガスランプ設計図	
1882.06.13	22ウラ	パリ	ルーヴル美術館	コーニス？装飾（一部）スケッチ	
1882.06.13	23ウラ	パリ	エコール・デ・ボザール	装飾（一部）スケッチ	
1882.06.14	19ウラ	パリ	エコール・デ・ボザール	フランス建築のリスト	
1882.06.16	17ウラ	パリ	クリュニー美術館	入口扉の繰形プロフィールのスケッチ	
1882.06.17	15ウラ	パリ	クリュニー美術館	柱の基壇装飾（一部）スケッチ	
1882.06.17	16ウラ	パリ	クリュニー美術館	聖母子像を伴う石製十字架のスケッチ	
1882.06.17～22	14ウラ	パリ	クリュニー美術館	柱の4分の1縮小図	
1882.06.19	12ウラ	パリ	エコール・デ・ボザール	マンサード屋根，他スケッチ	
1882.06.20	11ウラ	パリ	エコール・デ・ボザール図書館	暖炉装飾（一部）スケッチ	
1882.06.20	裏表紙ウラ	パリ	エコール・デ・ボザール図書館	本のリスト	
1882.06.22	8オモテ	パリ	エコール・デ・ボザール図書館	テラコッタに関する文書他	
1882.06.22	13ウラ	パリ	クリュニー美術館	大理石製柱頭装飾のスケッチ	
1882.06.23	7ウラ	パリ	市役所	「市役所への2回目の訪問」所見と窓の図など	
1882.06.28	6ウラ	パリ	エコール・デ・ボザール	鉄製階段欄干装飾（一部）スケッチ	

（日付と地名の記載がある葉を抽出し、日付順に並べた）

表2-② 『辰野金吾滞欧野帳』第3巻の概要

日　付	用紙番号	都市名	場　所	記載内容	『辰野金吾伝』図版番号
1882.07.01	2オモテ	パリ	エコール・デ・ボザール	「ルネサンス・アルファベット」	
1882.07.05	3オモテ	ヴェルサイユ	ヴェルサイユ宮殿	門のスケッチ	
1882.07.05	4オモテ	ヴェルサイユ	ヴェルサイユ宮殿	アーチと天井（一部）スケッチ	
1882.07.05	5オモテ	ヴェルサイユ	ヴェルサイユ宮殿	扉装飾（一部）スケッチ	
1882.07.06	6オモテ	ヴェルサイユ	ヴェルサイユ宮殿	石製人像柱もしくは置物のスケッチ	
1882.07.06	7オモテ	ヴェルサイユ	ヴェルサイユ宮殿	庭園内噴水のスケッチ	
1882.07.07	51ウラ	ヴェルサイユ	ヴェルサイユ宮殿	礼拝堂についての文書他	
1882.07.07	53ウラ	ヴェルサイユ	ヴェルサイユ宮殿	天井平面図	
1882.07.07	8オモテ	ヴェルサイユ	ヴェルサイユ宮殿	宮殿外観（一部）スケッチ	
1882.07.10	49ウラ	ヴェルサイユ	ヴェルサイユ宮殿	宮殿についての所見他	
1882.07.10	11オモテ	フォンテーヌブロー	フォンテーヌブロー城	城の屋根外観他スケッチ	
1882.07.13	14オモテ	ヴェルサイユ	ヴェルサイユ宮殿	暖炉装飾スケッチ（寸法あり）	
1882.07.13	15オモテ	ヴェルサイユ	ヴェルサイユ宮殿	暖炉（一部）スケッチ（基準線あり）	
1882.07.19	16オモテ	オルレアン	市中建造物	煙突のスケッチ	第十一図
1882.07.20	17オモテ	オルレアン	市中教会	窓のスケッチ	
1882.07.21	19オモテ	オルレアン	市中建造物	コーニス(一部)と窓(一部)のスケッチ	
1882.07.21	18オモテ	オルレアン	歴史考古美術館	コーニス（一部）スケッチ	第十二図
1882.07.22	20オモテ	オルレアン	市中教会	教会塔屋外観スケッチ	
1882.07.22	21オモテ	オルレアン	市中建造物	窓，窓枠の繰形スケッチ	
1882.07.23	47ウラ	オルレアン	歴史考古美術館	外観（一部）スケッチ（一部彩色）	
1882.07.24	22オモテ	オルレアン	ルネサンス期建造物	窓，窓の繰形スケッチ他	
1882.07.24	44ウラ	オルレアン	市中建造物	ドーマー窓のスケッチ	
1882.07.24	45ウラ	オルレアン	歴史考古美術館	中庭にある井戸の屋根のスケッチ	第十三図
1882.07.25	42ウラ	オルレアン	アニェス・ソレルの家	アーチと柱頭(一部)と屋根のスケッチ	
1882.07.25	43ウラ	オルレアン	アニェス・ソレルの家	柱頭装飾スケッチ	
1882.07.26	42オモテ	オルレアン	市中教会	窓のスケッチ	
1882.07.26	43オモテ	オルレアン	市中建造物	木製屋根内側部材のスケッチ	
1882.07.28	40ウラ	ブロワ	市中建造物	ハーフティンバー建築細部のスケッチ	第十四図
1882.07.28	41ウラ	ブロワ	市中礼拝堂	外観（一部）スケッチ	
1882.07.29	37ウラ	ブロワ	ブロワ城	煙突（彩色）	
1882.07.29	38ウラ	ブロワ	市中建造物	塔屋のスケッチ	
1882.07.29	39ウラ	ブロワ	市役所	塔屋のスケッチ	
1882.07.30	23オモテ	ブロワ	ブロワ城	ガーゴイルのスケッチ，繰形の比較についての文書	
1882.07.30	24オモテ	ブロワ	ブロワ城	塔屋のスケッチ	
1882.08.01	36ウラ	アンボワーズ	駅舎	塔屋のスケッチ	
1882.08.02	34ウラ	シャンボール	シャンボール城	ドーマー窓，欄干などのスケッチ	
1882.08.02	35ウラ	シャンボール	シャンボール城	煙突のスケッチ4点他	
1882.08.03	32ウラ	シャンボール	シャンボール城	石製廻り縁他スケッチ	
1882.08.04	30オモテ	エタンプ	城の遺跡	「駅で待っている間」に描いた遺跡スケッチ	
1882.08.04	30ウラ	ブロワ	ブロワ城	外壁，外壁繰形のスケッチ	
1882.08.04	31ウラ	ブロワ	軽業師の家	正面柱持送り彫刻他のスケッチ	第十五図
1882.08.04	48ウラ	ブロワ	ブロワ城	天井装飾のスケッチ	
1882.08.05	29ウラ	シャルトル	市中教会	アプスのスケッチ他	
1882.08.06	28ウラ	シャルトル	ノートル・ダム大聖堂	ステンドグラスのスケッチ他	
1882.08.06	29オモテ	シャルトル	ノートル・ダム大聖堂	ステンドグラスの幾何学パターンについての文書と図	
1882.08.07	26ウラ	シャルトル	ノートル・ダム大聖堂	柱のスケッチと平面図	
1882.08.11	27ウラ	ルーアン	ホテル	煙突，及びシャルトル大聖堂のキャノピーのスケッチ	
1882.08.11	54ウラ	ルーアン	市中	ルーアンのハーフティンバーの都市建築についての所見	

表２-③　『辰野金吾滞欧野帳』第４巻の概要

日　付	用紙番号	都市名	場　所	記載内容	『辰野金吾伝』図版番号
1882.08.12	1オモテ	ルーアン	ノートル・ダム大聖堂	木製持送り，オーク材扉（一部）スケッチ	
1882.08.16	2オモテ	ルーアン	ノートル・ダム大聖堂	柱のスケッチ	
1882.08.18	3オモテ	アミアン	ノートル・ダム大聖堂	中央扉右側彫刻群の聖人一体と頭上の天蓋のスケッチ	
1882.08.18	4オモテ	アミアン	ノートル・ダム大聖堂	同上，隣の一体の持送り台座のスケッチ	
1882.08.18	5オモテ	アミアン	ノートル・ダム大聖堂	聖オーギュスタン・ドゥ・カントールベリー礼拝堂タピスリーを模した装飾スケッチ	
1882.08.18	6オモテ	アミアン	ノートル・ダム大聖堂	聖オーギュスタン・ドゥ・カントールベリー礼拝堂ステンドグラスを模した装飾スケッチ	
1882.08.18	7オモテ	アミアン	ノートル・ダム大聖堂	鉄製装飾のスケッチ（寸法あり）	
1882.08.19	8オモテ	アミアン	聖ジェルマン教会	扉の装飾（一部）スケッチ	
1882.08.21	9オモテ	アミアン	ノートル・ダム大聖堂	正面ベースメント羽目石の地紋彫のスケッチ	
1882.08.21	10オモテ	アミアン	ノートル・ダム大聖堂	屋根，ドーマー窓のスケッチ	
1882.08.21	11オモテ	アミアン	ノートル・ダム大聖堂	アプス部三連窓のスケッチ	
1882.08.27	12オモテ	ラン	サン・マルタン教会	バットレス断面図，他	
1882.08.29	13オモテ	ランス	ノートル・ダム大聖堂	浅浮彫のキリスト伝リスト	
1882.08.30	14オモテ	ランス	サン・ジャック教会	壁龕のスケッチ	
1882.08.31	16オモテ	ランス	市中建造物	市中建造物の写真が添付されている	
1882.08.31	16オモテ②	ランス	市中建造物	窓，市中木造建造物の装飾のスケッチ	
1882.09.02	17オモテ	ソワッソン	サン・ジャン・デ・ヴィーニュ大修道院	廃墟の付属屋の塔屋，塔屋持送りのスケッチ	
1882.09.02	18オモテ	ソワッソン	ノートル・ダム大聖堂	内部柱頭装飾，他のスケッチ	
1882.09.02	19オモテ	ソワッソン	サン・ジャン・デ・ヴィーニュ大修道院	廃墟の建築装飾（一部）のスケッチ	
1882.09.05	20オモテ	パリ	トロカデロ美術館	「トロカデロ美術館でのメモ」	
1882.09.25	21オモテ	ニーム	公園	大理石製噴水の装飾のスケッチ	
1882.10.09	22オモテ	ジェノヴァ	パラッツォ・ドーリア	時計塔のスケッチ	
1882.10.09	23オモテ	ジェノヴァ	ジェノヴァ大学	柱頭のスケッチ	
1882.10.11	25オモテ	ジェノヴァ	スタリエーノ記念墓地	「ジェノヴァのカンポ・サントについてのメモ」	
1882.10.14	27オモテ	ミラーノ	市中建造物	コーニス（一部）のスケッチ	
1882.10.19	28オモテ	パヴィーア	カルトゥジオ会修道院	回廊のアーチ上の装飾のスケッチ	
1882.10.20	29オモテ	パヴィーア	カルトゥジオ会修道院	煙突のスケッチ（彩色）	
1882.10.20	30オモテ	パヴィーア	カルトゥジオ会修道院	塔屋のスケッチ，他	第十六図
1882.10.20	31オモテ	パヴィーア	カルトゥジオ会修道院	煙突のスケッチ，他	
1882.10.20	32オモテ	パヴィーア	カルトゥジオ会修道院	回廊（一部）のスケッチ	
1882.10.22	34オモテ	ヴェローナ	パラッツォ・グスタヴェルツァ サンタナスタージア教会	コーニスとエンタブレチャのスケッチ 木製扉装飾のスケッチ	
1882.10.24	33オモテ	ヴェローナ	円形劇場	石積みスケッチ	
1882.10.24	35オモテ	ヴェローナ	ヴェローナ大聖堂	回廊のアーチのスケッチ	
1882.10.25	36オモテ	ヴェローナ	市中建造物	外観（一部）スケッチ	
1882.10.30	37オモテ	ヴェネツィア	サン・マルコ大聖堂	モザイク舗床装飾のスケッチ（彩色）	
1882.10.30	38オモテ	ヴェネツィア	サン・マルコ大聖堂	モザイク舗床装飾のスケッチ（彩色）	
1882.11.03	40オモテ	ヴェネツィア	総督宮大階段	大理石製浅浮彫装飾のスケッチ	
1882.11.03	41ウラ	ヴェネツィア	総督宮大階段	大理石製彫刻装飾のスケッチ	
1882.11.03	42オモテ	ヴェネツィア	総督宮	(サン・マルコ聖堂側)鉄製柵(一部)のスケッチ	
1882.11.04	43オモテ	ヴェネツィア	総督宮	ベランダの欄干(一部)，柱頭装飾のスケッチ	
1882.11.06	44オモテ	ヴェネツィア	総督宮	十人委員会会議室格天井のスケッチ(彩色)	
1882.11.07	45オモテ	ヴェネツィア	市中建造物	煙突のスケッチ	
1882.11.07	47オモテ	ヴェネツィア	市中綿工場	基礎部のスケッチと文章	
1882.11.10	48オモテ	ヴェネツィア	総督宮 サン・ザッカリーア教会	柱・柱頭装飾のスケッチ 壁龕装飾のスケッチ	
1882.11.10	49オモテ	ヴェネツィア	サンティ・ジョヴァンニ・エ・パオロ教会	煉瓦造コーニスのスケッチ	
1882.11.14	50オモテ	ヴェネツィア	総督宮	柱廊のスケッチと文章	
1882.11.30	53ウラ	ヴェネツィア	総督宮	寄せ木装飾のスケッチ，他	
1882.12.04	54オモテ	ヴェネツィア	総督宮	主階回廊，アーチの繰形断面図	
1882.12.04	54ウラ	ヴェネツィア	総督宮	パラペットのスケッチ	

表3　留学時代に辰野が入手した書籍一覧

	署名・年記	著者名	書　名	発行地	出版年
1	Kingo Tatsuno/July 4th 1881/ London	Banister Fletcher	*Light and Air : a text book for architects and surveyors*	London	1879
2	Kingo Tatsuno/July 4th 1881/ London	William Laxton	*Laxton's builders' price book for 1881*	London	1881
3	Kingo Tatsuno/July 4th 1881/ London	Brook Taylor and James Malton	*The Young Painter's Maulstick ; being a practical treatise on Perspective*	London	1880
4	Kingo Tatsuno/July 4th 1881/ London		*Transactions of the Institute of British Architects of London.* Sessions 1835-36, vol. I. part I	London	1836
5	Kingo Tatsuno/July 4th 1881/ London		*Transactions of the Royal Institute of British Architects of London,* vol. I, part II	London	1842
6	Kingo Tatsuno/March 1882	H. J. Dennis	*Third grade perspective*	London	1881
7	Kingo Tatsuno/March 1882	James Fergusson	*History of the modern styles of architecture* (2 ed.)	London	1873
8	Kingo Tatsuno/March 1882	William Chambers	*A treatise on the decorative part of civil architecture*	London	1862
9	K. Tatsuno/May 1st 1882	William Burges	*Art applied to Industry*	London	1865
10	K. Tatsuno/may《(ママ)》 2 1882	Edward Dobson	*A Rudimentary treatise on the manufacture of Bricks and Tiles*	London	1882

（すべて日本建築学会図書館「辰野文庫」蔵）

参考文献

辰野金吾著作

辰野金吾、葛西萬司『家屋建築実例』須原屋、一九〇八年。

辰野金吾「蒸材辨及ヒ英国建築ノ概況」『工学叢誌』五号、一八八二年三月。

辰野金吾「家屋装飾論（ハウスデコレーション）」『工学叢誌』二四号、一八八三年一一月。

辰野金吾「劇場建築論」『建築雑誌』二号、一八八七年二月。

辰野金吾「國會議事堂の話」『建築雑誌』一六号、一八八八年四月。

辰野金吾「建築進歩の由来」『日本大家論集』二巻七号、一八九〇年七月。

辰野金吾「伊太利亞國イスキヤ島地震建築」『建築雑誌』四三号、一八九〇年七月。

辰野金吾「フレスコニ就テ」『明治美術会第一七回報告』一八九二年八月。

辰野金吾「耐震家屋報告」『震災予防調査会報告』一号、一八九三年一一月。

辰野金吾「東京に於ける洋風建築の變遷」『建築雑誌』二二九号、一九〇六年一月
辰野金吾、塚本靖、伊東忠太「議院建築の方法に就て」『建築雑誌』二五五号、一九〇八年三月。

辰野金吾「我國将来の建築様式を如何にすべきや」『建築雑誌』二八四号、一九一〇年八月。

辰野金吾「開会の辞」『建築雑誌』二九二号、一九一一年四月。

辰野金吾「中央停車場の建築」『学生』四巻一号、一九一三年一月。

辰野葛西事務所「中央大停車場の内部装飾」『建築工芸叢誌』第二期第一〇冊、一九一四年。

辰野金吾「建築学会大会　開会の辞、附所感」『建築雑誌』三三二号、一九一四年七月。

図書

青木茂監修『近代美術雑誌叢書6　明治美術会報告』第一巻〜第四巻、別冊、ゆまに書房、一九九一年。

青木茂、歌田眞介編『松岡壽研究』中央公論美術出版、二〇〇二年。

東秀紀『東京駅の建築家　辰野金吾伝』講談社、二〇〇二年。

石井元章『ヴェネツィアと日本――美術をめぐる交流』ブリュッケ、一九九九年。

石田潤一郎『ブルジョワジーの装飾』（日本の建築［明治大正昭和］7）三省堂、一九八〇年。

石田潤一郎『関西の近代建築――ウォートルスから村野藤吾まで』中央公論美術出版、一九九六年。

伊藤ていじ『谷間の花が見えなかった時――近代建築史の断絶を埋める松本與作の証言』彰国社、一九八二年。

稲葉信子『木子清敬と明治二〇年代の日本建築学に関する研究』（東京工業大学学位請求論文）私家版、一九八九年。

エィシーエヌ松尾建築設計事務所編『佐賀県指定重要文化財武雄温泉新館保存修理工事報告書』武雄温泉、二〇〇四年。

老川慶喜『井上勝――職掌は唯クロカネの道作に候』ミネルヴァ書房、二〇一三年。

大内田史郎『東京駅丸ノ内本屋の意匠と技術に関する建築史的研究』（東京大学学位請求論文）私家版、二〇〇六年。

大阪市教育委員会『重要文化財　大阪市中央公会堂保存・再生工事報告書』大阪市、二〇〇三年。

岡田温司『グランド・ツアー――十八世紀イタリアへの旅』岩波書店、二〇一〇年。

小野田滋『高架鉄道と東京駅』上・下（交通新聞社新書）交通新聞社、二〇一二年。

神奈川県立近代美術館・岡山県立美術館・明治美術学会『松岡壽展』神奈川県立近代美術館・岡山県立美術館、一九八九年。

金子一夫『近代日本美術教育の研究――明治・大正時代』中央公論美術出版、一九九九年。

かのう書房編『東京駅の世界』かのう書房、一九八七年。

河上眞理『工部美術学校の研究――イタリア王国の美術外交と日本』中央公論美術出版、二〇一一年。

河鍋楠美ほか編『鹿鳴館の建築家　ジョサイア・コンドル展』東京ステーションギャラリー、一九九七年。

岸田日出刀『建築学者伊東忠太』乾元社、一九四五年。

北澤憲昭総監修、田中修二監修『偉人の俤――銅像写真集　資料篇』ゆまに書房、二〇〇九年。

北澤憲昭総監修、田中修二監修『偉人の俤――銅像写真集　図版篇』ゆまに書房、二〇〇九年。

舊工部大學校史料編纂会『舊工部大學校史料』虎之門会、一九三一年。

京都府教育庁指導部文化財保護課編『重要文化財旧日本銀行京都支店修理工事報告書』京都府教育委員会、一九八八年。

黒田鵬心編『東京百建築』建築画報社、一九一五年。

ケネス・クラーク著、近藤存志訳『ゴシック・リヴァイヴァル』白水社、二〇〇五年。

建築世界社編『工学博士長野宇平治作品集』建築世界社、一九二八年。

小泉和子編著『明治の洋館松本家住宅の家具――重要文化財旧松本家住宅家具調査報告書』西日本工業倶楽部、一九八五年。

『工部省沿革報告』大蔵省、一八八九年。

島秀雄編『東京駅誕生――お雇い外国人バルツァーの論文発見』鹿島出版会、一九九〇年。

清水重敦、河上眞理『辰野金吾　一八五四—一九一九』佐賀城本丸歴史館、二〇一四年。

白鳥省吾『土の藝術を語る——感想集』聚英閣、一九二五年。

白鳥省吾編『工学博士辰野金吾伝』辰野葛西事務所、一九二六年。

鈴木博之『建築の世紀末』晶文社、一九七七年。

鈴木博之『ヴィクトリアン・ゴシックの崩壊』中央公論美術出版、一九九六年。

高橋是清『高橋是清自伝』千倉書房、一九三六年。

瀧悌三『日本近代美術事件史』東方出版、一九九三年。

辰野明編『おやじの顔』辰野明、一九七六年。

『辰野紀念日本銀行建築譜』一九二八年。

辰野隆『忘れ得ぬ人々』弘文堂書房、一九三九年。

辰野隆『忘れ得ぬことども——辰野隆対談集』朝日新聞社、一九四八年。

辰野隆『辰野隆随想全集　五　忘れ得ぬことども』福武書店、一九八三年。

辰野隆『辰野隆随想全集　別巻　天皇陛下大いに笑う』福武書店、一九八三年。

ウイリアム・チェンバース著、中村與資平訳『美術的建築』東京書院、一九一七年。

ロジャー・ディクソン、ステファン・マテシアス著、粟野修司訳『ヴィクトリア朝の建築』英宝社、二〇〇七年。

出口裕弘『辰野隆　日仏の円形広場』新潮社、一九九九年。

鉄道博物館編『井上勝と鉄道黎明期の人々』鉄道博物館、二〇一〇年。

鉄道博物館学芸部編『東京駅開業一〇〇周年記念　一〇〇年のプロローグ』鉄道博物館、二〇一四年。

東京国立文化財研究所編『明治期美術展覧会出品目録』中央公論美術出版、一九九四年。

東京国立文化財研究所美術部編『明治期美術展覧会出品目録』中央公論美術出版、一九九四年。

東京ステーションギャラリー編『東京駅一〇〇年の記憶』東京ステーションギャラリー、二〇一四年。

東京大学編『学問のアルケオロジー』東京大学、一九九七年。

東京大学史史料研究会編『東京大学年報』(史料叢書東京大学史)東京大学出版会、一九九四年。

東京大学百年史編集委員会編『東京大学百年史　部局史　三』東京大学、一九八七年。

長沼守敬とその時代展実行委員会『長沼守敬とその時代展』長沼守敬とその時代展実行委員会、二〇〇六年。

中村鎮編、後藤慶二著『後藤慶二氏遺稿』後藤芳香、一九二五年。

日本建築学会編『近代日本建築学発達史』丸善、一九七二年。

日本工学会『明治工業史――建築篇』日本工学会、一九三一年。

日本のタイル工業史編集委員会編『日本のタイル工業史』ＩＮＡＸ、一九九一年。

二六新報社編『偉人の俤』二六新報社、一九二八年。

林章『東京駅はこうして誕生した』ウェッジ、二〇〇七年。

東日本旅客鉄道株式会社『重要文化財東京駅丸の内駅舎保存・復原工事報告書』東日本旅客鉄道、二〇一三年。

藤森照信『国家のデザイン』(日本の建築［明治大正昭和］3)三省堂、一九七九年。

藤森照信『明治の東京計画』岩波書店、一九八二年。

藤森照信『日本の近代建築(上)幕末・明治篇』(岩波新書)岩波書店、一九九三年。

藤森照信編『日本近代思想体系　一九　都市　建築』岩波書店、一九九〇年。

ウンベルト・フランツォイ『ヴェネツィア――大運河』洋泉社、一九九四年。

クリス・ブルックス著、鈴木博之、豊口真衣子訳『ゴシック・リヴァイヴァル』(岩波世界の美術)岩波書店、二〇〇三年。

文化財建造物保存技術協会編『重要文化財旧松本家住宅洋館・日本館・壹號蔵・貳號蔵修理工事報告書』西日本

工業倶楽部、一九八二年。

文化財建造物保存技術協会編著『重要文化財旧日本生命保険株式会社九州支店保存修理工事報告書』福岡市教育委員会、二〇〇七年。

本城靖久『グランド・ツアー――英国貴族の放蕩修学旅行』中央公論社、一九九四年。

松岡壽先生伝記編纂会編『松岡壽先生』松岡壽先生伝記編纂会、一九四一年。

三好信浩『日本工業教育成立史の研究――近代日本の工業化と教育』風間書房、一九七九年。

三輪英夫編『明治の洋画――明治の渡欧画家』（日本の美術三五〇）至文堂、一九九五年。

村井正利編『子爵井上勝君小伝』井上子爵銅像建設同志会、一九一五年。

村形明子編訳『ハーヴァード大学ホートン・ライブラリー蔵　アーネスト・F・フェノロサ資料』ミュージアム出版、一九八二年。

村田峯次郎『品川子爵伝』大日本図書、一九一〇年。

村松貞次郎『日本近代建築史ノート――西洋館を建てた人々』世界書院、一九六五年。

村松貞次郎編、藤森照信著『明治の洋風建築』（近代の美術二〇）至文堂、一九七四年。

村松貞次郎、堀勇良『日本の様式建築』新建築社、一九七六年。

森仁史監修『叢書・近代日本のデザイン二三　後藤慶二氏遺稿』ゆまに書房、二〇〇九年。

森井健介『師と友――建築をめぐる人びと』鹿島研究所出版会、一九六七年。

吉川盛一、水野信太郎編『東京駅と辰野金吾――駅舎の成り立ちと東京駅のできるまで』東日本旅客鉄道、一九九〇年。

渡辺真弓『パラーディオの時代のヴェネツィア』中央公論美術出版、二〇〇九年。

Cherry, Bridget and Pevsner, Nikolaus, *The buildings of England, London 1-6*, Penguin Books, 1983-1991.

Cooper, Jeremy, *Victorian and Edwardian Furniture and Interiors from the Gothic Revival to Art Nouveau,* Thames & Hudson, 1987.
Crook, Joseph Mordaunt, *William Burges and the high Victorian dream,* J. Murray, 1981.
Crook, Joseph Mordaunt, *The Strange Genius of William Burges,* National Museum of Wales, 1981.
Fanzoi, Umberto, Pignatti, Terisio and Wolters, Wolfgang, *Il Palazzo Ducale di Venezia,* Canova, 1990.
John Soane, Academy Editions, 1983.
McLees, David, *Castell Coch,* Cadw, 1998.
Murano, Michelangelo, *Venetian villas : The history and culture,* Rizzoli, 1986.
Puppi, Lionello, *Andrea Palladio,* Electa, 1973.
Saint, Andrew, *Richard Norman Shaw,* Yale University Press, 1977.
Sborgi, Franco, *Staglieno e la scultura funeraria ligure tra Ottocento e Novecento,* Artema, 1997.
Snodin, Michael and Styles, John, *Design & the Decorative Arts : Victorian Britain 1837-1901,* V A Publications, 2004.
Summerson, John, *Georgian London,* Pleiades Books, 1945.
Summerson, John, *Architecture in Britain, 1530 to 1830,* Penguin Books, 1953.
Williams, Matthew, *William Burges* (*Pitkin guide*), Jarrold Publishing, 2007.

論文

青井哲人「法隆寺と世界建築史――伊東忠太『法隆寺建築論』の二重性とその帰趨」『日本における美術史学の成立と展開』（平成九―一二年度科学研究費補助金基盤研究(A)(2)研究成果報告書）、二〇〇一年。

青木茂「『明治美術会報告』解説」『近代美術雑誌叢書6　明治美術会報告』別冊、ゆまに書房、一九九一年。

伊東忠太「法隆寺研究の動機」『建築史研究』二巻一号、一九四〇年一月。

稲垣栄三「ジョサイア・コンドルのスケッチブック」『學鐙』六四巻一号、一九六七年一月。

大内田史郎「帯形からみた丸ノ内本屋の意匠に関する考察　東京駅丸ノ内本屋の意匠に関する研究」『日本建築学会計画系論文集』五八九号、二〇〇五年三月。

大内田史郎、鈴木博之「東京駅丸ノ内本屋の意匠に関する研究　その九　付論二　国内に現存する辰野金吾の作品について」『日本建築学会大会学術講演梗概集』二〇一一年。

大内田史郎、鈴木博之「東京駅丸ノ内本屋の意匠に関する研究　その一〇　付論三　辰野金吾の系図について」『日本建築学会大会学術講演梗概集』二〇一二年。

岡田時太郎「洋行時代のこと」『工学博士辰野金吾伝』辰野葛西事務所、一九二六年。

荻原善太郎「工学博士辰野金吾君小伝」『日本博士全伝』岡保三郎、一八八八年。

荻原善太郎「工学博士辰野金吾君小伝」『帝国博士列伝』敬業社、一八九〇年。

「回顧座談会」『建築雑誌』臨時増刊、一九三六年一〇月。

金子一夫「松岡壽評伝」『松岡壽研究』中央公論美術出版、二〇〇二年。

金行信輔、倉方俊輔、清水重敦、山崎幹泰、中谷礼仁「「造家」から「建築」へ——学会命名・改名の顚末から」『建築雑誌』一四一〇号、一九九七年八月。

河上眞理「一八八〇年代イタリア王国における美術をめぐる状況と松岡壽」『松岡壽研究』中央公論美術出版、二〇〇二年。

河上眞理「明治の美術界におけるイタリア——画家松岡壽と建築家辰野金吾の場合」『立命館言語文化研究』二〇巻二号、二〇〇八年一一月。

河上眞理「辰野金吾のグランド・ツアー——『辰野金吾滞欧野帳』を中心に」『京都造形芸術大学紀要』一五号、二〇一〇年。

河上眞理「辰野金吾のグランド・ツアー——『辰野金吾滞欧野帳』解題」『日本建築学会大会学術講演梗概集』二〇一〇年。

河上眞理、清水重敦「辰野金吾の見たフランス——『辰野金吾滞欧野帳』解題　その二」『日本建築学会大会学術講演梗概集』二〇一一年。

河上眞理「未公刊史料『辰野金吾氏演説』——辰野金吾の〈美術建築〉観」『近代画説』二三号、二〇一四年一二月。

岸田日出刀「建築家辰野金吾」『扉』相模書房、一九四二年。

木下直之「記念碑と建築家」『都市・建築・歴史　八　近代化の波及』東京大学出版会、二〇〇六年。

「工学博士辰野金吾君」『日本博士全伝』博文館、一八九二年。

「故大野義康君小伝」『建築雑誌』六一号、一八九二年。

駒木定正「日本銀行小樽支店（明治四五年）の主要構造と仕様」『日本建築学会計画系論文集』四七一号、一九九五年五月。

駒木定正「明治期日本銀行の建築設計組織と小樽支店（明治四五年）の設計者　辰野金吾、長野宇平治、岡田信一郎の関わり」『日本建築学会計画系論文集』五七〇号、二〇〇三年八月。

佐竹鐵也「東京駅」『ガラス』二二三号、一九七七年一月。

座談会「最近十五年間に於ける関西建築界の変遷を語る会」『建築と社会』一五巻一〇号、一九三二年一〇月。

柴垣鼎太郎「先生の至誠に泣く」『工学博士辰野金吾伝』辰野葛西事務所、一九二六年。

清水慶一「工学寮・工部大学校に於ける建築教育について」『国立科学博物館研究報告E類』八、一九八五年。

清水慶一「『辰野出題帖』について」『日本建築学会学術講演梗概集』一九八六年。

清水重敦「伊東忠太と『日本建築』保存」『明治聖徳記念学会紀要』復刊第四五号、二〇〇八年一一月。

清水重敦「Japanese Art-Architect としての大澤三之助」『芸術家の家　大沢昌助と父三之助展——絵画と建築』練馬区立美術館、二〇一〇年。

清水重敦、河上眞理「辰野金吾の見たイギリス——『辰野金吾滞欧野帳』解題　その三」『日本建築学会大会学術講演梗概集』二〇一二年。

杉山英男「近代建築史の陰に」『建築技術』六〇九—六一五号、二〇〇〇年一一月—二〇〇一年五月。

曽禰達蔵「建築学会四十年の回顧」『建築雑誌』四八五号、一九二六年八月。

高山幸治郎「建築外部装飾」『建築雑誌』四四号、一八九〇年。

竹山博英「イタリア・都市墓地の成立」『地中海研究所紀要』三号、二〇〇五年。

辰野隆「父の書斎」『忘れ得ぬ人々』弘文堂書房、一九三九年。

辰野隆「父の思い出」『建築雑誌』八四四号、一九五七年三月。

辰野隆「終焉の記」『工学博士辰野金吾伝』辰野葛西事務所、一九二六年。

「辰野博士追悼　随筆寄席」『おやじの顔』辰野明、一九七六年。

田中修二「解説」『偉人の俤——銅像写真集　資料篇』ゆまに書房、二〇〇九年。

津村泰範「岩手銀行（旧盛岡銀行）旧本店本館の外壁の工法について」『日本建築学会大会学術講演梗概集』二〇一四年。

長野宇平治「日本銀行の最初のデザイン」『工学博士辰野金吾伝』辰野葛西事務所、一九二六年。

新家孝正「用意周到の金言」『工学博士辰野金吾伝』辰野葛西事務所、一九二六年。

野田俊彦「建築非芸術論」『建築雑誌』三四六号、一九一五年。

藤岩和文、足立裕司、吉田正三「建築家久保田小三郎について——旧鴻池組本店の調査研究 その二」『日本建築学会近畿支部研究報告集 計画系』二八、一九八八年。

藤森照信「一一五年前の建築試験に答えられますか?」『建築雑誌』一三〇五号、一九九〇年一月。

藤森照信「建築設計教育事始め——辰野金吾が受けた建築設計教育」『建築雑誌』一三六二号、一九九四年九月。

「本會創立記事」『明治美術会第一回報告』明治二二年一一月二七日、一八八九年一一月。

松本與作「辰野金吾と東京駅」『建築雑誌』一二六一号、一九八七年七月。

「明治建築座談会」第一回『建築雑誌』五五六号、一九三二年四月。

「明治建築座談会」第二回『建築雑誌』五六六号、一九三三年一月。

「明治建築座談会」第三回『建築雑誌』五七六号、一九三三年一〇月。

山形政昭「大阪市中央公会堂の建築」『芸術』二二号、一九九九年。

Burges, William, "On Things in General", *The Builder*, 33, 1875.

おわりに

東京駅が建設当初の姿に復原され、東京の玄関というべき丸の内の風景が一新された。設計者である辰野金吾という人物、そして辰野が造り上げた日本の建築界を見つめ直してみるのによい機会が訪れたように思う。

筆者らは、各々の研究の中で辰野金吾に関心を持ち始めた。

河上は、辰野が学んだ工部大学校に付属して設立された工部美術学校についての研究を進める中で辰野金吾と出会った。同校の教師フェッレッティの事績を追っていたところ、『工学博士辰野金吾伝』の中にこの人物の名を見出した。同校出身の画家松岡壽の研究を進める中でも辰野の名が度々現れた。辰野金吾が美術の分野に意外なほど多く登場することに気付かされたのである。松岡の日記からは、イギリス留学に続くグランド・ツアーでイタリアを訪問していた辰野が松岡や彫刻家長沼守敬と愉快に交流する様子が眼に浮かんだ。「辰野堅固」と渾名されたほどの堅物といわれてきた辰野だが、とても人情味溢れる温かな人だったのではないかと思われた。

こうした着想を元に、河上は二〇〇七年六月に立命館大学において開催された国際シンポジウム

「イタリア観の一世紀――旅と知と美」で、「明治の美術界におけるイタリア――画家松岡壽と建築家辰野金吾の場合」と題した発表を行った。辰野はイギリス人に学んだけれども初期の建築にはイタリアの記憶が読み取れること、そして留学中のイタリア滞在時に建築と美術との関係性の理解を深めたことを指摘した。発表後、パネリストであった芳賀徹先生が「ミネルヴァ日本評伝選」に辰野金吾を加えようと思うので執筆しないか、と誘って下さったのである。美術史を専門とする河上が建築家辰野金吾の評伝を書くのも面白い試みだとは思ったが、この機会に建築の分野からもその事績を読み直し、美術史と建築史を横断する視点で取り組んでみてはどうかと考え、夫であり建築史を専門とする清水との共著とすることを提案したところ、ミネルヴァ書房から快諾を得ることができた。

一方、清水にとって辰野金吾は出身大学の建築学科の始祖ではあるが、図書室の壁面高くに掲げられた厳めしい表情の肖像写真を時折眺める程度の遠い存在であった。博士課程在籍時に辰野の弟子たちが切り拓いていった建築保存の歴史について研究を進める中で、建築学専攻図書室に所蔵される工部大学校時代からの蔵書、特に舶来の洋書を悉皆的に調べる作業を行ったため、工部大学校の歴史についてでは強い関心を抱くようになっていたのだが、辰野金吾のことは数多くいる日本近代の建築家の一人として認識するに過ぎなかった。辰野研究としても、藤森照信先生の若き日の著作『国家のデザイン』(日本の建築［明治大正昭和］3)においてみごとな辰野像が描かれており、辰野の業績に再解釈の余地があるとは、清水のみならず建築史研究者の多くは考えなかったように思う。そこへ、河上による辰野金吾の知られざる一面の指摘があり、清水も辰野への関心をかき立てられたのだった。

こうして専門を異にする二人が、辰野金吾の生涯を建築と美術の両面から見つめ直すべく、共同で研究に取り組むこととなった。ただ、正直に言って、新しい辰野像を提示するという自信は全くなかった。あまり知られていなかった留学時代の経歴を掘り下げるためにイギリスとフランスを訪れ、辰野の足跡を追ってはみたものの、まだ決定的な何かが欠けているように感じられ、ただ時間ばかりが過ぎていった。やはり、辰野金吾という巨人の評伝を書くのは、我々には荷が重すぎるのではないか。そんな思いがいつも頭の片隅から離れなかった。

暗中模索の中、目の前に突然現れたのが、『辰野金吾滞欧野帳』全四冊であった。この野帳を調査する許しを得、手に触れ、閲覧させていただいた日の胸の高鳴りは忘れられない。真の辰野金吾に出会ったと思えた瞬間だった。

『滞欧野帳』には、都市名は記されていても建築名の記載がないスケッチが多数あった。そこで「辰野のグランド・ツアー」を実際に旅することとした。数年間をかけて辰野が描いたスケッチの実物を探し、ヨーロッパ各地を歩き回った。時間と労力とお金もかかるが、描かれたものを同定できた時の喜びはひとしおであった。若き日の辰野が将来の日本の建築界を思い描きながら貪欲にヨーロッパの建築を吸収していった様子を、辰野が訪れた建築物からありありとうかがうことができた。

この追跡の旅と、『滞欧野帳』の読み解きを通して、筆者らは本書の根幹をなす視点を抽出することができた。辰野が最も影響を受けた師がコンドルではなくバージェスであったこと、バージェスが唱える〈美術建築〉観を辰野が学んだであろうこと、そして辰野の事績を〈美術建築〉の概念から見直すことが可能だといった点である。ただし、バージェスから〈美術建築〉観を学んだことについて、辰野が直接語ったものを見つけることはできなかった。あくまでも、状況証拠を積み上げて到達した仮説に留まるものだった。

その後、辰野家の皆様と知り合い、さらなる辰野金吾史料を閲覧する機会を得た。辰野家で今日も保管されている史料は、東京大学大学院工学系研究科建築学専攻蔵の辰野金吾史料と元々は一体のものだった。辰野家に断片的に残された史料の中から見つかったのが、第五章で論じた「辰野金吾氏演説」であった。この史料には、これまで仮説として筆者らが考えてきたことが、すべて辰野自身のことばによって記されていたのである。この史料を見出した瞬間も、まさに震えるような興奮を覚えた。筆者らは二度も、辰野金吾の知られざる生の声に触れることができたのである。

こうした発見や出会いによって、辰野像を塗り替えることができたのではないかと考える。その核をなすキーワードが〈美術建築〉である。この概念は、辰野が追い求めた意味を超えて、今日でも建築と美術のあり方に示唆を与え続けてくれるものであろうと、筆者らは考えている。

本書の執筆にあたっては、数多くの方々との魅力的な出会いがあり、温かい助言と激励をいただくとともに、史料の閲覧や掲載にあたっての便宜をおはからいいただいた。この研究は、『滞欧野帳』を保管されてきた竹野節子様がその閲覧・研究を快諾して下さったことで大きく進展することとなった。『滞欧野帳』はその後竹野家から辰野家へと寄贈された。辰野家の宮崎厚子様、外山順子様、辰野智子様、武山肇様からは、辰野金吾や長男隆の人柄を偲ばせるエピソードを数多くうかがうとともに、所蔵の絵画や史料を快く見せていただいた。辰野研究の先達である東京大学名誉教授の藤森照信先生からは、現在東京大学大学院工学系研究科建築学専攻の所蔵になる辰野金吾史料の閲覧の便宜をおはからいいただいた。清水の同僚の石田潤一郎先生や、広島大学の水田丞様からは、辰野の事績に関する貴重な情報をいただいた。イギリスでは、カーディフ城キュレーターのマシュー・ウィリアムズ様から、バージェス研究の現状を詳しくうかがうことができた。国内でも、南天苑、西日本工業倶楽部、大阪市中央公会堂など、辰野金吾設計の現存建築の見学に際して多くの方々にお世話になった。坪井久子さんには、清水の研究支援員として、図版作成や校正を補助していただいた。

執筆を勧めて下さった芳賀徹先生は、父のような温かさで本書への期待を寄せ続けて下さった。出版に際しては、ミネルヴァ書房の編集者各位には、七年もの間お待たせすることとなり、ご心配とご迷惑をおかけしたことと思う。それでも、最終の編集担当である大木雄太氏は、適切なご助言のみならず、作業の遅れがちな筆者らに柔らかい声がけを続けて下さったので、集中して稿をまとめることができた。すべての出会いに感謝し、受けた助言と激励にあらためて御礼を申し上げたい。なお、研究を進めるにあたり、河上は平成二十一年度、及び二十二年度「京都造形芸術大学特別制作研究費助成」を得た。

夫婦で一冊の著作をまとめる作業は、楽しくもあり、苦しくもある、なかなか得難い体験だった。小学三年生になった息子開は、辰野について議論する時も、その事績を追う旅にも、いつも一緒にいてくれた。彼の心の中にも、筆者らと同じくらいに辰野金吾という人の生き方が刻み込まれたのではないかと思う。

最後に、本書の執筆分担を記しておきたい。河上がはじめに、第三章1・3、第五章、第六章1を、清水が第一章、第二章、第三章2、第四章、第六章2・3・4をそれぞれ執筆し、両者で推敲を重ねて一書とした。

平成二十七年一月

河上眞理
清水重敦

辰野金吾略年譜

◎は辰野金吾、辰野・葛西建築事務所及び辰野・片岡建築事務所設計主要建築物の竣工を示す。建物名は竣工時の名称。

和暦	西暦	齢	関係事項	一般事項
嘉永七	一八五四	1	8・22姫松倉右衛門・おまつの次男として唐津城下裏坊主町に生まれる。	1月ペリー浦賀に再来航。3月日米和親条約締結。
文久二	一八六二	9	9・9戸田源司兵衛の門に入り四書五経を学ぶ。	
三	一八六三	10		5月井上聞多（馨）、遠藤謹助、山尾庸三、伊藤俊輔（博文）、野村弥吉（井上勝）の長州五傑が渡英。
慶応二	一八六六	13	野辺英輔の塾に入る。	
三	一八六七	14		10月大政奉還。王政復古。
明治元	一八六八	15	父の実弟辰野宗安の養嗣子となる。	1月鳥羽伏見の戦い。戊辰戦争勃発。9月明治改元。
二	一八六九	16	御持筒組で鉄砲を習う傍ら、藩校「志道館」に入り漢学を学ぶ。野辺英輔の塾の塾頭となる。	3月東京奠都。5月戊辰戦争終結。6月版籍奉還。

三	一八七〇	17	唐津藩が東京から東太郎（高橋是清）を英語教師に招聘し洋学校「耐恒寮」を開校。辰野金吾、曽禰達蔵ほか五十名入学。	7月廃藩置県。10月岩倉遣欧使節団派遣。閏10・20工部省設置。
四	一八七一	18		富岡製糸場竣工（バスティアン設計）。
五	一八七二	19	9月「耐恒寮」廃校、高橋是清帰京に伴い、曽禰ほかに続き辰野も上京。	9月新橋・横浜間に鉄道開通。海運橋三井組竣工（清水喜助設計）。
六	一八七三	20	旧唐津藩士山口文次郎の洋学塾「耐恒学舎」の食客となり、門番及び代講を勤める。同塾外人教師モリスのボーイを勤める傍ら英語を習う。8・22工部省工学寮第一回入学試験を受験。八十三名中、曽禰、麻生ほか二十名が官費入寮生として、辰野は通学生として合格。10・9工学寮再試験に合格し、官費入寮生となる。	5月ウィーン万国博覧会開会。6月岩倉遣欧使節団帰朝。11月内務省設置。
八	一八七五	22	専門科で機械学（造船学志望）を選択した後、造家学に転じる。造家学同級生に宮伝次郎（在学中没）、曽禰達蔵、原田（片山）東熊、佐立七次郎。	
九	一八七六	23		11月工部美術学校開校。
一〇	一八七七	24	1・11工学寮が工部大学校に改組。1月造家学教師	2月西南戦争。9月西南戦争終

			としてイギリス人建築家ジョサイア・コンドル着任。	結。工部大学校本館竣工（ボアンヴィル設計）。
一一	一八七八	25	実地科に入り、コンドル設計の上野博物館や工部省営繕課所轄の建築現場で学ぶ。	東京府知事楠本正隆、東京市域再検討に着手。フェノロサ来日。
一二	一八七九	26	11・8工部大学校造家学第一等及第卒業。卒業設計Natural history museum。卒業論文“Thesis on the future domestic architecture in Japan（日本の将来の住宅建築についての論文）”。在学中総成績によって辰野が造家学の首席となり、三年間の官費留学を勝ち取る。12・1鳥羽秀子と結婚。	3月美術団体龍池会発足。参謀本部竣工（カッペッレッティ設計）。
一三	一八八〇	27	2・8他学卒業の十名とともに官費留学生として横浜を発ち、イギリスへ留学。4月キュービット建築会社にて五ヶ月間建築施工を実習。9月建築家ウィリアム・バージェスの実地見習生となり建築設計実務を修学。10月ロンドン大学ユニバーシティ・カレッジ・ロンドン及びロイヤル・アカデミー・オブ・アーツで建築及び美術を修学。	7・9松岡壽イタリアへ留学。11月東京府知事松田道之「東京中央市区確定之問題」。
一四	一八八一	28	4・20バージェス死去。遺贈金五〇ポンドを受領。	3・5長沼守敬イタリア留学。4月農商務省設置。上野博物館竣工（コンドル設計）。

一五	一八八二	29	3月「蒸材辨及ヒ英国建築ノ概況」『工学叢誌』。ロンドン大学ユニバーシティ・カレッジ・ロンドンにおける修学を終える。5月渡仏し、グランド・ツアーを開始。10月フランスからイタリアへと移動。	1月井上馨、条約改正に着手。日本銀行条例により日本銀行設立。
一六	一八八三	30	1月ローマへ移動。5・26一年間のグランド・ツアーを終えて官費留学を終了し、帰国。6・21工部省御用掛に奉職、工部省営繕課勤務。11月「家屋装飾論」『工学叢誌』	1月工部美術学校廃校。11月鹿鳴館竣工（コンドル設計）。
一七	一八八四	31	7・28工部省権少技長に昇任。12・20コンドルの後任として工部大学校教授に就任（兼任）。	11月市区改正芳川案提出。フェノロサら鑑画会を発足。
一八	一八八五	32	12・22工部省廃省。工部大学校は東京大学工芸学部と合併されて文部省に移管。辰野は工部省権少技長を非職となる。◎銀行集会所（処女作）。	1月官庁集中計画コンドル案提出。10月市区改正審査会案提出。12月太政官制廃止、内閣制度施行。第一次伊藤博文内閣発足。
一九	一八八六	33	1・28工部省権少技長及び工部大学校教授を依願退官。2・4大倉喜八郎、伊集院兼常、久原庄三郎が設立を計画した建築会社に入社するもすぐに退社。2・12工部大学校教授を嘱託。3・1帝国大学が設置され、工部大学校は帝国大学工科大学へと改組。4・10帝国大学工科大学教授に奉職。4月頃岡田時	2月臨時建築局設置。2月ベックマン来日、官庁集中計画ベックマン案提出。5月井上馨外務大臣、第一回条約改正会議。

			太郎を事務員として「辰野建築事務所」を開設。プロフェッサー・アーキテクトとして初期の作品を設計。4月「造家学会」を創設し、副会長となる。	
二〇	一八八七	34	1月造家学会の学会誌「建築雑誌」創刊。4月京橋区加賀町八番地に転居。12月山口半六と連名で文部大臣に美術教育建言書を提出。	3月ホープレヒト来日、官庁集中計画ホープレヒト案提出。7月不平等条約改正交渉決裂。8・14長沼守敬帰国。9月井上馨外務大臣辞任。9月臨時建築局、内閣から内務省に移管。10月東京美術学校設立。
二一	一八八八	35	2・6工手学校開校。3・1長男隆誕生。4月「國會議事堂の話」『建築雑誌』。4・6臨時建築局三等技師。5・30臨時建築局工事部長。6・7工学博士。7月工科大学本館竣工にともない、工科大学が虎の門の旧工部大学校校舎より本郷に移転。7月日本銀行設計者に決定。8月日本銀行の委嘱により銀行建築等調査のため一年間の欧米出張。臨時建築局技師を免官。◎渋澤栄一邸／工科大学本館。	10月明治宮殿落成。10・6松岡壽帰国。
二二	一八八九	36	1月帝国大学工科大学造家学科に「日本建築学」を開講し、講師に木子清敬を招く。9月明治美術会に	2月大日本帝国憲法発布。5月市区改正委員会案（最終案）公

			入会し、評議員となる。10・4欧米出張より帰国。日本銀行に設計図面を提出。	示。明治美術会発足。
二三	一八九〇	37	6・11「辰野金吾氏演説」。7月「伊太利亞國イスキヤ島地震建築」『建築雑誌』。9・1日本銀行建築所開設。9・6日本銀行建築工事監督に就任。	11月第一回帝国議会開催。
二四	一八九一	38	1・10二男保誕生。	10月濃尾地震。
二五	一八九二	39	3・2震災予防調査会委員となる。6・1高橋是清が日本銀行建築事務主任に就任。8月「フレスコニ就テ」『明治美術会第一七回報告』。	
二六	一八九三	40		4月伊東忠太による法隆寺実測調査。
二七	一八九四	41	10月明治美術学校校長に就任（明治二九年まで）。	8月日清戦争宣戦布告。海軍省竣工（コンドル設計）。
二八	一八九五	42		4月下関講和条約調印、日清戦争終結。司法省竣工（エンデ・ベックマン設計）。
二九	一八九六	43	◎日本銀行本店。	
三〇	一八九七	44	5月議院建築計画調査委員会委員となる。7・1造家学会が建築学会に改称される。	
三一	一八九八	45	1月建築学会会長に就任する。7・19帝国大学が東	

			京帝国大学と改称。二代目の工科大学長に就任する。	
三二	一八九九	46	1・18日本銀行建築工事顧問となる。4・25議院建築調査会が設置され委員となる。	7月改正条約の発効。治外法権撤廃。東京商業会議所竣工（妻木頼黄設計）。
三四	一九〇一	48	6・12震災予防調査会会長となる。6月住友家建築顧問となる。	
三五	一九〇二	49	12・29工科大学教授を依願退官する。大阪に辰野個人の出張事務所を開設。◎唐津小学校。	1月日英同盟。
三六	一九〇三	50	8・1東京に「辰野・葛西建築事務所」開設。12月中央停車場（東京駅）設計開始。◎日本銀行大阪支店。	
三七	一九〇四	51		2月日露戦争宣戦布告。
三八	一九〇五	52	大阪に「辰野・片岡建築事務所」開設。◎東京火災保険会社。	9月ポーツマス講和条約調印。日露戦争終結。
三九	一九〇六	53	◎第一銀行京都支店／日本銀行京都支店。	
四〇	一九〇七	54	◎浜寺停車場／品川彌二郎銅像台座。	
四一	一九〇八	55	3月「議院建築の方法に就て」『建築雑誌』。中央停車場起工。『家屋建築実例』（須原屋）。	
四二	一九〇九	56	近世建築技術書の研究をおこなう。◎明治専門学校／奈良ホテル／日本生命九州支店／両国国技館。	東宮御所竣工（片山東熊設計）。

四三	一九一〇	57	5・27議院建築準備委員会設置、委員となる。8月「我國将来の建築様式を如何にすべきや」『建築雑誌』。	8月韓国併合。
四四	一九一一	58	◎盛岡銀行／万世橋停車場／辰野金吾自邸。	
四五	一九一二	59	◎朝鮮銀行／日本銀行小樽支店／松本健次郎邸／潮湯。	7月明治天皇崩御。大正天皇践祚。
大正二	一九一三	60	◎潮湯別館／二十三銀行。	
三	一九一四	61	1月「中央停車場の建築」『学生』。◎中央停車場（東京駅）／井上勝銅像台座。	7月オーストリア、セルビアに宣戦布告。第一次世界大戦勃発。
四	一九一五	62	11月辰野奨学資金を創設。◎武雄温泉楼門及び新館	10月野田俊彦「建築非芸術論」。
五	一九一六	63	《辰野博士作物集図》（後藤慶二画）。◎山口銀行京都支店。	
六	一九一七	64	8月議院建築調査会設置、委員となる。同会はコンペによる設計を決定。◎霊南坂教会。	
七	一九一八	65	7・6臨時議院建築局設置、常務顧問となる。9・14議院建築意匠設計懸賞募集審査委員に就任。気管支炎を患い館山の別荘で療養。◎大阪市中央公会堂／日蓮宗大学校講堂。	11月第一次世界大戦終結。
八	一九一九	66	2月議院コンペ第一次審査終了。3・25赤坂新坂町自邸にて逝去。	
九	一九二〇			7月分離派建築会結成。

一〇	一九二一		《辰野金吾肖像》（松岡壽画）。◎第一相互館。	11月原敬首相、東京駅頭で暗殺。高橋是清首相就任。

人名索引

あ 行

浅井忠　123, 133, 134, 136
浅野長勲　76
麻生政包　13, 21
荒川新一郎　44
石井敬吉　97　　99, 146
石橋絢彦　44
伊集院兼常　88
伊東忠太　99, 111, 138, 146, 170, 190
伊藤博文　16, 17
井上馨　91, 92, 162
井上勝　140–142
岩本栄之助　142
ウィークス，フレッド　115
ヴェロネーゼ，パオロ　143
ウォーターハウス，アルフレッド　44
遠藤於菟　146
大熊氏廣　123, 134, 137
大倉喜八郎　88, 90–92
大澤三之助　146, 147
大鳥圭介　18
岡倉覚三（天心）　126
岡田信一郎　142, 145
岡田時太郎　9, 89, 162, 167, 168
小花冬吉　28, 44, 77
小原益知　20

か 行

葛西重雄　172
葛西萬司　40, 104, 146, 172
片岡直温　172
片岡安　104, 146, 172, 173
片山（原田）東熊　20, 26, 29, 33, 105, 106, 136, 138
カッペッレッティ，ジョヴァンニ・ヴィンチェンツォ　123
カナレット　150
金子堅太郎　126
狩野芳崖　126
河合浩蔵　20
川田小一郎　165
川村清雄　133
木子清敬　98
キュービット，ルイス　46
久原庄三郎　88
栗本廉　6, 44
久留正道　116
黒田清輝　136
ゴードン，ルイス　17
小島憲之　12, 19, 94, 95
後藤慶二　138, 150, 155, 169
小山正太郎　127, 133
近藤貴蔵　44
コンドル，ジョサイア　15, 16, 23, 26–28, 30–35, 46, 50, 61, 67, 82, 84–86, 92, 96, 129, 154, 160, 174

さ 行

佐立七次郎　20, 26, 29, 33
佐野常民　126
佐野利器　101
サンジョヴァンニ，アキッレ　129, 130
サンミケーリ，ミケーレ　75
志田林三郎　33, 44, 77, 94, 135
品川彌二郎　138

柴垣鼎太郎　7
渋澤栄一　4, 84, 85, 88, 91, 93, 140, 152, 156, 158
清水釘吉　146
下條正雄　127
下田菊太郎　96
スコット，ジョージ・ギルバート　44
スティーブンソン，ジョン・ジェームス　45
ストリート，ジョージ・エドマンド　44
関野貞　146
ソーン，ジョン　150, 168, 169
曽禰達蔵　11–13, 15, 20, 24–26, 28, 29, 31–34, 61, 85, 96, 103, 186, 193, 194
曽山幸彦（大野義康）　86, 123, 129, 130

た　行

ダイアー，ヘンリー　17, 18
ダイアック，ジョン　25
高橋源吉　133
高橋是清　11, 22, 164, 165
高峰譲吉　44
高村光雲　139
高山幸治郎　116
高山直質　44
武田五一　146, 147, 184
辰野宗安　8–10
辰野隆　3, 5, 8, 12, 28, 193
ダ・マイヤーノ，ベネデット　74
チーマ・ダ・コネリアーノ　158
チャプル，ジョン・スターリング　162
塚本靖　5, 104, 138, 146
妻木頼黄　81, 107, 108, 174
デ・アンドレア，パオロ　143
ディ・マルティーノ，レナート　127
デル・ポッライオーロ，シモーネ　74
ドスティアーニ，アレッサンドロ・フェー　73
戸田源司兵衛　10
鳥羽（辰野）秀子　12, 193
富田鐵之助　161
トムソン，ウィリアム　17
外山正一　127

な　行

長沼守敬　38, 63, 69, 73, 76, 77, 79, 133, 134
長野宇平治　130, 146, 147, 163, 166, 171
中村達太郎　96, 97
西脇乾三郎　12
ネスフィールド，ウィリアム・エデン　45
ノーマン・ショー，リチャード　45, 56, 184, 185
野口孫一　146
野田俊彦　148
野辺英輔　10

は　行

バージェス，ウィリアム　13, 37, 40, 44, 46–55, 57–62, 64, 65, 67, 68, 79, 99, 114, 115, 117, 118, 120, 121, 132, 134, 142, 146, 147, 160, 162, 175
バターフィールド，ウィリアム　44
パッラーディオ，アンドレア　150, 152–155, 168, 169
花房義質　75
林董　22
バルツァー，フランツ　177, 178
姫松倉右衛門　9
百武兼行　75
平岡通義　83
フェッレッティ，プロスペロ　69
フェノロサ，アーネスト　125–128
フォンタネージ，アントーニオ　123
藤田文蔵　123

古市公威　102
ベイヤール，アンリ　162, 168
ボアンヴィル，シャルル・アルフレッド・シャステル・ドゥ　25, 26, 84, 100
ホープレヒト，ジェームス　92

ま　行

益田孝　90
松井清足　189
松岡壽　6, 38, 41, 63, 69, 73, 75-79, 123, 124, 130, 131, 133-137, 142-146
松下勝五郎　89
松室重光　146
ミケロッツィ，ミケロッツォ　74
南清　44
宮伝次郎　20, 26
三好晋六郎　44
本山白雲　139-141
森有礼　11, 127
モリス，ウィリアム　45, 113
森山松之助　146

や　行

谷田部良吉　127
矢橋賢吉　146
山尾庸三　16, 162
山縣有朋　29
山口半六　19, 127, 128
山口文次郎　12
山下りん　123
横井道二　40
横河民輔　146

ら・わ　行

ラグーザ，ヴィンチェンツォ　123
ラスキン，ジョン　113
ラッセル，ジョン・スコット　18
ランキン，ウィリアム　17
レッドファーン，ジェームス・フランク　115
ロジャー・スミス，トーマス　46, 47, 97
ロンスダール，オラティオ・ウォルター　115
和田垣謙三　185
渡辺洪基　106
渡辺渡　102

事項索引

あ　行

赤坂謁見所　84, 100
アムステルダム中央駅　179
井上子爵銅像臺　138, 141, 142
岩倉遣欧使節団　17
イングランド銀行　168, 169
ヴィッラ・ファルネジーナ　135
ヴィッラ・フォルニ・チェラート　153
上野博物館　28, 31
英国建築協会　54
エンデ・ベックマン事務所　92
大阪市中央公会堂　136, 137, 142, 144
《大村益次郎像》　137

か　行

カーディフ城　49, 114
海上保険会社　89, 90, 160
開拓使物産売捌所　28, 31
カステル・コッホ　49
兜町ビジネス街　91, 93
唐津小学校　186
カルトゥジオ会修道院聖堂　71
軽業師の家　67
鑑画会　126
官庁集中計画　90-92, 161
議院建築　96, 107, 193
旧第一銀行京都支店　176
旧二十三銀行　176
旧日本銀行京都支店　176
旧日本生命保険会社九州支店　176
キュービット建築会社　37, 46, 168
旧松本健次郎邸　184
旧盛岡銀行　176
キングス・クロス駅　46
銀行集会所　84, 90, 91, 151, 152, 154, 155
クイーン・アン様式（フリー・クラシック）　45, 55-57, 67, 171, 173, 175, 183-185
グランド・ツアー　38, 42, 57-64, 69, 120, 121, 123, 135, 158, 184
「建築非芸術論」　148
「建築物写生帳」　38-41, 63
工手学校　81, 104, 106
工部省工学寮　15-18, 20-22
工部大学校　4, 6, 15, 16, 19, 22-26, 28-30, 33-35, 37, 43, 47, 51, 57, 77-79, 81-83, 85-87, 93-96, 103, 105, 107, 109, 111, 113, 122, 123, 125, 128-130, 135, 152, 154, 191
工部美術学校　69, 75, 122-125, 127, 129, 132, 133
国会議事堂　107

さ　行

サウス・ケンジントン美術学校　27
潮湯別館（南天苑）　186, 188, 190
市区改正計画　90-93
志道館　10
品川子爵銅像臺　138, 141, 142
渋澤栄一邸　74, 90, 91, 152, 156, 158
シャンボール城　66
女子学習院　7
スタリエーノ記念墓地　70
聖オーギュスタン・ドゥ・カントールベリー礼拝堂　121

造家学会　55, 81, 104–106, 109
総督宮（ヴェネツィア）　41, 63, 74, 143

た　行

第一銀行本店　4, 170
大学南校　19, 94
耐恒学舎　12
耐恒寮　10, 21
耐震家屋　101
武雄温泉新館・楼門　186, 187, 190
辰野・葛西建築事務所　40, 90, 104, 139, 151, 172, 175, 176, 178
辰野・片岡建築事務所　104, 142, 172, 176
「辰野金吾氏演説」　116
辰野金吾自邸　7, 184
『辰野金吾滞欧野帳』　5, 8, 12, 38–42, 47, 49, 53, 55, 61–63, 65, 69, 74, 78, 120, 121, 143
辰野建築事務所　87, 89–91, 150, 151, 160, 162
辰野式　51, 52, 56, 141, 149, 151, 171, 173–177, 182–185, 188
《辰野博士作物集図》　138, 150, 155, 169
辰野文庫　60
タワーハウス　52
チューリヒ職業大学校　18
朝鮮銀行　166
帝国大学工科大学本館　52, 89, 158
東京駅丸ノ内本屋（東京駅）　1, 107, 141, 172, 174, 177, 179, 182–184, 190
東京火災保険会社　52, 175, 178
東京倉庫株式会社倉庫　182
東京大学　19, 87, 94, 95, 103, 105
東京大学工芸学部　30
東京美術学校　126–128, 133, 139, 147
東宮御所　136

な　行

奈良ホテル　186, 187
日蓮宗大学校講堂　186
日本銀行本店　1, 6, 11, 100, 107, 136, 138, 160, 161, 163–167, 169, 170, 179
日本銀行本店貴賓室　186
日本土木会社　88
濃尾震災　101, 165, 167
ノートル・ダム大聖堂（アミアン）　65
ノートル・ダム大聖堂（ランス）　65

は　行

ハーフティンバー　64, 67, 68, 78, 184
ハーロウ校講堂　49
パラッツォ・グスタヴェルツァ　75
パラッツォ・ストロッツィ　74
パラッツォ・ファルネーゼ　135
パラッツォ・メディチ・リッカルディ　41, 74
ベルギー銀行　167–169

ま　行

マセソン商会　17, 46
明治宮殿　83, 99, 186
明治美術会　104, 122, 133, 134, 136
明治美術学校　134

ら　行

両国国技館　4
ロイヤル・アカデミー・オブ・アーツ　37, 47, 118
ロンドン大学　27, 37
ロンドン大学ユニバーシティ・カレッジ・ロンドン　47, 97

《著者紹介》
河上　眞理（かわかみ・まり）
1963年　千葉県生まれ。
1993年　早稲田大学大学院文学研究科修士課程修了。
1999年　ヴェネツィア・カ・フォスカリ大学大学院博士課程修了。
現　在　京都造形芸術大学准教授，Ph. D。美術史家。
主　著　『工部美術学校の研究――イタリア王国の美術外交と日本』中央公論美術出版，2011年。『辰野金吾』佐賀城本丸歴史館，2014年（清水重敦との共著）。

清水　重敦（しみず・しげあつ）
1971年　東京都生まれ。
1993年　東京大学工学部建築学科卒業。
1999年　東京大学大学院工学系研究科博士課程単位取得退学。
現　在　京都工芸繊維大学准教授，博士（工学）。建築史家。
主　著　『擬洋風建築』至文堂，2003年。『建築保存概念の生成史』中央公論美術出版，2013年（建築史学会賞，日本イコモス奨励賞）。

ミネルヴァ日本評伝選
辰《たつ》野《の》金《きん》吾《ご》
――美術は建築に応用されざるべからず――

2015年３月10日　初版第１刷発行　〈検印省略〉

定価はカバーに
表示しています

著　者　河　上　眞　理
　　　　清　水　重　敦
発行者　杉　田　啓　三
印刷者　江　戸　宏　介

発行所　株式会社　ミネルヴァ書房
607-8494　京都市山科区日ノ岡堤谷町１
電話代表（075）581-5191
振替口座　01020-0-8076

共同印刷工業・新生製本

ISBN978-4-623-07360-3
Printed in Japan

刊行のことば

歴史を動かすものは人間であり、興趣に富んだ人間の動きを通じて、世の移り変わりを考えるのは、歴史に接する醍醐味である。

しかし過去の歴史学を顧みるとき、人間不在という批判さえ見られたように、歴史における人間のすがたが、必ずしも十分に描かれてきたとはいえない。二十一世紀を迎えた今、歴史の中の人物像を蘇生させようとの要請はいよいよ強く、またそのための条件もしだいに熟してきている。

この「ミネルヴァ日本評伝選」は、正確な史実に基づいて書かれるのはいうまでもないが、単に経歴の羅列にとどまらず、歴史を動かしてきたすぐれた個性をいきいきとよみがえらせたいと考える。そのためには、対象とした人物とじっくりと対話し、ときにはきびしく対決していくことも必要になるだろう。

今日の歴史学が直面している困難の一つに、研究の過度の細分化、瑣末化が挙げられる。それは緻密さを求めるが故に陥った弊害といえるが、その結果として、歴史の大きな見通しが失われ、歴史学を通しての社会への働きかけの途が閉ざされ、人々の歴史への関心を弱める危険性がある。今こそ歴史が何のためにあるのかという、基本的な課題に応える必要があろう。評伝という興味ある方法を通じて、解決の手がかりを見出せないだろうかというのも、この企画の一つのねらいである。

狭義の歴史学の研究者だけでなく、多くの分野ですぐれた業績をあげている著者たちを迎えて、従来見られなかった規模の大きな人物史の叢書として、「ミネルヴァ日本評伝選」の刊行を開始したい。

平成十五年（二〇〇三）九月

ミネルヴァ書房

ミネルヴァ日本評伝選

企画推薦
梅原猛
ドナルド・キーン
佐伯彰一
角田文衞

監修委員
上横手雅敬
芳賀徹

編集委員
石川九楊
伊藤之雄
猪木武徳
今谷明
今橋映子
熊倉功夫
佐伯順子
坂本多加雄
武田佐知子
竹西寛子
西口順子
兵藤裕己
御厨貴

上代

*俾弥呼 古田武彦
日本武尊 西宮秀紀
仁徳天皇 若井敏明
雄略天皇 吉村武彦
*蘇我氏四代 遠山美都男
推古天皇 義江明子
聖徳太子 仁藤敦史
斉明天皇 武田佐知子
小野妹子・毛人 大橋信弥
*額田王 梶川信行
弘文天皇 遠山美都男
天武天皇 新川登亀男
持統天皇 丸山裕美子
阿倍比羅夫 熊田亮介
*藤原四子 木本好信
柿本人麻呂 古橋信孝
*元明天皇・元正天皇 渡部育子
聖武天皇 本郷真紹
光明皇后 寺崎保広
*孝謙・称徳天皇 勝浦令子
藤原不比等 荒木敏夫
橘諸兄・奈良麻呂 遠山美都男
吉備真備 今津勝紀
*藤原仲麻呂 木本好信
道鏡 吉川真司
*藤原種継 木本好信
大伴家持 和田萃
*行基 吉田靖雄

平安

*桓武天皇 井上満郎
嵯峨天皇 西別府元日
宇多天皇 古藤真平
醍醐天皇 石上英一
村上天皇 京樂真帆子
花山天皇 上島享
*三条天皇 倉本一宏
藤原薬子 中野渡俊治
小野小町 錦仁
藤原良房・基経 瀧浪貞子
菅原道真 竹居明男
*紀貫之 神田龍身
源高明 所功
*安倍晴明 斎藤英喜
藤原実資 橋本義則
*藤原道長 朧谷寿
藤原伊周・隆家 倉本一宏
藤原定子 山本淳子
紫式部 竹西寛子
和泉式部 ツベタナ・クリステワ
大江匡房 小峯和明
*阿弖流為 樋口知志
坂上田村麻呂 熊谷公男
*源満仲・頼光 元木泰雄
平将門 西山良平
藤原純友 寺内浩
空海 頼富本宏
最澄 吉田一彦
円珍 岡野浩二
*空也 石井義長
奝然 上川通夫
*源信 小原仁
慶滋保胤 吉原浩人
*後白河天皇 美川圭
式子内親王 奥野陽子
建礼門院 生形貴重
藤原秀衡 入間田宣夫
平時子・時忠 元木泰雄
平維盛 根井浄
守覚法親王 阿部泰郎
藤原隆信・信実 山本陽子

鎌倉

源頼朝 川合康
*源義経 近藤好和
源実朝 神田龍身
後鳥羽天皇 五味文彦
九条兼実 加納重文
九条道家 上横手雅敬
北条時政 野口実
熊谷直実 佐伯真一
*北条政子 関幸彦
北条義時 岡田清一
曾我十郎・五郎 杉橋隆夫
北条時頼 山本隆志
北条時宗 近藤成一
安達泰盛 山陰加春夫
平頼綱 細川重男
竹崎季長 堀本一繁
西行 光田和伸
藤原定家 赤瀬信吾
*京極為兼 今谷明
*兼好 島内裕子
重源 横内裕人
*運慶 根立研介

快慶　井上一稔
法然　今堀太逸
慈円　大隅和雄
明恵　西山　厚
親鸞　末木文美士
恵信尼・覚信尼　西口順子
覚如　今井雅晴
*道元　船岡　誠
叡尊　細川涼一
*忍性　松尾剛次
*日蓮　佐藤弘夫
一遍　蒲池勢至
*宗峰妙超　竹貫元勝

南北朝・室町

後醍醐天皇　上横手雅敬
護良親王　新井孝重
*赤松氏五代　渡邊大門
*北畠親房　岡野友彦
楠正成　兵藤裕己
*新田義貞　山本隆志
*光厳天皇　深津睦夫
足利尊氏　市沢　哲
佐々木道誉　下坂　守
円観・文観　田中貴子
足利義詮　早島大祐
足利義満　川嶋將生
足利義持　吉田賢司
足利義教　横井　清
大内義弘　平瀬直樹
伏見宮貞成親王　松薗　斉
山名宗全　山本隆志
細川勝元・政元　古野　貢
日野富子　脇田晴子
世阿弥　西野春雄
雪舟等楊　河合正朝
宗祇　鶴崎裕雄
*満済　森　茂暁
一休宗純　原田正俊
蓮如　岡村喜史

戦国・織豊

北条早雲　家永遵嗣
*毛利元就　岸田裕之
毛利輝元　光成準治
*今川義元　小和田哲男
*武田信玄　笹本正治
*武田勝頼　笹本正治
*真田氏三代　笹本正治
*三好長慶　天野忠幸
*宇喜多直家・秀家　渡邊大門
*上杉謙信　矢田俊文
島津義久・義弘　福島金治
長宗我部元親・盛親　平井上総
吉田兼倶　西山　克
山科言継　松薗　斉
*雪村周継　赤澤英二
正親町天皇・後陽成天皇　神田裕理
織田信長　三鬼清一郎
豊臣秀吉　藤井讓治
*北政所おね　田端泰子
*淀殿　福田千鶴
前田利家　東四柳史明
*黒田如水　小和田哲男
*蒲生氏郷　藤田達生
*細川ガラシャ　田端泰子
伊達政宗　伊藤喜良
*支倉常長　田中英道
*長谷川等伯　宮島新一
顕如　神田千里
教如　安藤　弥

江戸

徳川家康　笠谷和比古
*徳川家光　野村　玄
徳川吉宗　横田冬彦
*後水尾天皇　久保貴子
光格天皇　藤田　覚
崇伝　杣田善雄
春日局　福田千鶴
宮本武蔵　渡邊大門
*池田光政　倉地克直
保科正之　八木清治
シャクシャイン　岩崎奈緒子
*田沼意次　藤田　覚
*二宮尊徳　小林惟司
末次平蔵　岡美穂子
*高田屋嘉兵衛　生田美智子
*林羅山　鈴木健一
吉野太夫　渡辺憲司
中江藤樹　辻本雅史
*山崎闇斎　澤井啓一
山鹿素行　前田　勉
*北村季吟　島内景二
伊藤仁斎　澤井啓一
貝原益軒　辻本雅史
松尾芭蕉　楠元六男
*ケンペル　B・M・ボダルト＝ベイリー
新井白石　大川　真
荻生徂徠　柴田　純
*雨森芳洲　上田正昭
石田梅岩　高野秀晴
前野良沢　松田　清
平賀源内　石上　敏
本居宣長　田尻祐一郎
杉田玄白　吉田　忠
木村蒹葭堂　有坂道子
*大田南畝　沓掛良彦
菅江真澄　赤坂憲雄
*鶴屋南北　諏訪春雄
良寛　阿部龍一
*山東京伝　佐藤至子
*滝沢馬琴　高田　衛
平田篤胤　山下久夫
シーボルト　宮坂正英
本阿弥光悦　岡　佳子
小堀遠州　中村利則
狩野探幽・山雪　山下善也
尾形光琳・乾山　河野元昭
*二代目市川團十郎　田口章子
与謝蕪村　佐々木丞平
伊藤若冲　狩野博幸
鈴木春信　小林　忠
円山応挙　佐々木正子
*佐竹曙山　成瀬不二雄
葛飾北斎　岸　文和
酒井抱一　玉蟲敏子
孝明天皇　青山忠正
*和宮　辻ミチ子

徳川慶喜　大庭邦彦
島津斉彬　原口　泉
＊古賀謹一郎　小野寺龍太
永井尚志　高村直助
＊栗本鋤雲　小野寺龍太
西郷隆盛　家近良樹
＊塚本明毅　塚本　学
＊月　性　海原　徹
＊吉田松陰　海原　徹
＊高杉晋作　海原　徹
久坂玄瑞　一坂太郎
ペリー　遠藤泰生
ハリス　福岡万里子
オールコック　佐野真由子
アーネスト・サトウ　奈良岡聰智
緒方洪庵　米田該典
冷泉為恭　中部義隆

近代

＊明治天皇　伊藤之雄
＊大正天皇　F・R・ディキンソン
＊昭憲皇太后・貞明皇后　小田部雄次
大久保利通　三谷太一郎

山県有朋　鳥海　靖
木戸孝允　落合弘樹
井上　馨　伊藤之雄
＊松方正義　室山義正
北垣国道　小林丈広
板垣退助　小川原正道
長与専斎　笠原英彦
大隈重信　五百旗頭薫
伊藤博文　坂本一登
井上　毅　大石　眞
＊井上　勝　老川慶喜
＊桂　太郎　小林道彦
渡辺洪基　瀧井一博
＊乃木希典　佐々木英昭
＊児玉源太郎　小林道彦
＊高宗・閔妃　木村　幹
山本権兵衛　室山義正
＊金子堅太郎　松村正義
高橋是清　鈴木俊夫
小村寿太郎　簑原俊洋
＊犬養　毅　小林惟司
＊加藤高明　櫻井良樹
加藤友三郎・寛治　麻田貞雄
牧野伸顕　小宮一夫
田中義一　黒沢文貴
内田康哉　高橋勝浩
石井菊次郎　廣部　泉

平沼騏一郎　堀田慎一郎
鈴木貫太郎　小堀桂一郎
宇垣一成　北岡伸一
＊宮崎滔天　榎本泰子
＊浜口雄幸　川田　稔
幣原喜重郎　西田敏宏
関　一　玉井金五
水野広徳　片山慶隆
広田弘毅　井上寿一
安重根　上垣外憲一
＊グルー　廣部　泉
＊永田鉄山　森　靖夫
東條英機　牛村　圭
今村　均　前田雅之
蔣介石　劉　岸偉
石原莞爾　山室信一
木戸幸一　波多野澄雄
＊岩崎弥太郎　武田晴人
伊藤忠兵衛　末永國紀
五代友厚　田付茉莉子
大倉喜八郎　村上勝彦
＊安田善次郎　由井常彦
渋沢栄一　武田晴人
益田　孝　鈴木邦夫
山辺丈夫　宮本又郎
武藤山治　阿部武司・桑原哲也

西原亀三　森川正則
小林一三　橋爪紳也
大倉恒吉　石川健次郎
大原孫三郎　猪木武徳
＊河竹黙阿弥　今尾哲也
イザベラ・バード　加納孝代
＊林　忠正　木々康子
＊森　鷗外　小堀桂一郎
＊二葉亭四迷　ヨコタ村上孝之
夏目漱石　佐々木英昭
徳冨蘆花　半勝英明
巌谷小波　千葉信胤
樋口一葉　佐伯順子
＊島崎藤村　十川信介
泉　鏡花　東郷克美
上田　敏　小林　茂
＊有島武郎　亀井俊介
永井荷風　川本三郎
北原白秋　平石典子
菊池　寛　山本芳明
＊宮沢賢治　千葉一幹
正岡子規　夏石番矢
高浜虚子　坪内稔典
与謝野晶子　佐伯順子
＊種田山頭火　村上　護
＊斎藤茂吉　品田悦一

＊高村光太郎　湯原かの子
萩原朔太郎　エリス俊子
＊原阿佐緒　秋山佐和子
＊狩野芳崖・高橋由一　古田　亮
＊小堀鞆音　小堀桂一郎
竹内栖鳳　北澤憲昭
黒田清輝　高階秀爾
中村不折　石川九楊
横山大観　高階秀爾
＊橋本関雪　西原大輔
小出楢重　芳賀　徹
土田麦僊　天野一夫
岸田劉生　北澤憲昭
＊山田耕筰　後藤暢子
松旭斎天勝　川添　裕
中山みき　鎌田東二
佐田介石　谷川　穣
＊ニコライ　中村健之介
出口なお・王仁三郎　川村邦光
島地黙雷　阪本是丸
＊新島　襄　太田雄三
木下広次　冨岡　勝
海老名弾正　西田　毅
嘉納治五郎　クリストファー・スピルマン

柏木義円　片野真佐子
津田梅子　田中智子
*澤柳政太郎　新田義之
河口慧海　高山龍三
山室軍平　室田保夫
大谷光瑞　白須淨眞
*久米邦武　髙田誠二
フェノロサ　伊藤　豊
三宅雪嶺　長妻三佐雄
*岡倉天心　木下長宏
志賀重昂　中野目徹
徳富蘇峰　杉原志啓
竹越與三郎　西田　毅
内藤湖南・桑原隲蔵　礪波　護
岩村　透　今橋映子
*西田幾多郎　大橋良介
*金沢庄三郎　石川遼子
柳田国男　鶴見太郎
厨川白村　張　競
天野貞祐　貝塚茂樹
大川周明　山内昌之
西田直二郎　林　淳
折口信夫　斎藤英喜
辰野　隆　金沢公子
シュタイン　瀧井一博
*西　周　清水多吉
*福澤諭吉　平山　洋
福地桜痴　山田俊治

田口卯吉　鈴木栄樹
*陸　羯南　松田宏一郎
黒岩涙香　奥　武則
長谷川如是閑　織田健志
*吉野作造　田澤晴子
山川　均　米原　謙
*岩波茂雄　十重田裕一
*北　一輝　岡本幸治
*穂積重遠　大村敦志
中野正剛　吉田則昭
満川亀太郎　福家崇洋
*北里柴三郎　福田眞人
高峰譲吉　木村昌人
田辺朔郎　秋元せき
*南方熊楠　飯倉照平
寺田寅彦　金森　修
石原　純　金子　務
*辰野金吾　河上眞理・清水重敦
*七代目小川治兵衛　尼崎博正
ブルーノ・タウト　北村昌史

現代

昭和天皇　御厨　貴
高松宮宣仁親王　後藤致人

*李方子　小田部雄次
吉田　茂　中西　寛
マッカーサー　柴山　太
石橋湛山　増田　弘
重光　葵　武田知己
市川房枝　村井良太
*池田勇人　藤井信幸
高野　実　篠田　徹
和田博雄　庄司俊作
朴正熙　木村　幹
竹下　登　真渕　勝
*松永安左エ門　橘川武郎
鮎川義介　井口治夫
*出光佐三　橘川武郎
松下幸之助　米倉誠一郎
渋沢敬三　井上　潤
*本田宗一郎　伊丹敬之
井深　大　武田　徹
*佐治敬三　小玉　武
幸田家の人々　金井景子
*正宗白鳥　大嶋　仁
大佛次郎　福島行一
*川端康成　大久保喬樹
*薩摩治郎八　小林　茂
松本清張　杉原志啓

安部公房　鳥羽耕史
*三島由紀夫　島内景二
井上ひさし　成田龍一
R・H・ブライス　菅原克也
柳　宗悦　熊倉功夫
バーナード・リーチ　鈴木禎宏
イサム・ノグチ　酒井忠康
川端龍子　岡部昌幸
藤田嗣治　林　洋子
*井上有一　海上雅臣
*手塚治虫　竹内オサム
古賀政男　藍川由美
*吉田　正　金子　勇
武満　徹　船山　隆
*八代目坂東三津五郎　田口章子
*力道山　岡村正史
*西田天香　宮田昌明
安倍能成　中根隆行
サンソム夫妻　平川祐弘・牧野陽子
和辻哲郎　小坂国継
矢代幸雄　稲賀繁美
石田幹之助　岡本さえ
*平泉　澄　若井敏明
安岡正篤　片山杜秀

島田謹二　小林信行
田中美知太郎　川久保剛
前嶋信次　杉田英明
唐木順三　澤村修治
保田與重郎　谷崎昭男
*福田恆存　川久保剛
井筒俊彦　安藤礼二
小泉信三　都倉武之
*瀧川幸辰　伊藤孝夫
矢内原忠雄　等松春夫
*フランク・ロイド・ライト　大久保美春
大宅壮一　有馬　学
今西錦司　山極寿一

*は既刊
二〇一五年三月現在